红色记忆® 30

平北抗日第一枪

海南省文化交流促进会　编

南海出版公司

2013·海口

图书在版编目（CIP）数据

红色记忆·第1辑·30 / 海南省文化交流促进会编.
-- 海口：南海出版公司，2013.12（2025.1 重印）
ISBN 978-7-5442-6960-5

Ⅰ.①红… Ⅱ.①海… Ⅲ.①革命传统教育—中国—青年读物②革命传统教育—中国—少年读物 Ⅳ.①D642-49

中国版本图书馆 CIP 数据核字（2013）第 263582 号

HONGSE JIYI · DI 1 JI · 30

红色记忆·第1辑·30

作　　者　海南省文化交流促进会
总 策 划　刘　栋
顾　　问　贾延岩
执行总编　任在齐　张　桐　张爱国
责任编辑　聂　敏
封面设计　郑广明
排版印务　何怡欣
发行总监　杨成春
出版发行　南海出版公司　电话：（0898）66568508　66568511
社　　址　海南省海口市海秀中路 51 号星华大厦五楼　邮编：570206
电子信箱　nhpublishing@163.com
经　　销　新华书店
印　　刷　天津睿意佳彩印刷有限公司
开　　本　787 毫米 ×1092 毫米　1/16
印　　张　6.25
字　　数　100 千字
版　　次　2013 年 12 月第 1 版　2025 年 1 月第 2 次印刷
书　　号　ISBN 978-7-5442-6960-5
定　　价　39.80 元

序

对历史无知的人，没有真正的信仰可言；没有信仰的人，不可能拥有美好的理想，不可能胸怀崇高的情感，也就不可能担负起任何责任。用欲望文化代替历史教育，足以使一个国家的青年被腐蚀、使一个民族的希望被毁掉，使这个国家和民族被永世万代地奴役！

鉴于此，我们呼唤历史，唤回那段属于二十世纪的“红色”历史，唤回那段炮火硝烟、颠沛流离的历史，唤回那冲天的狼烟留下的悲壮回忆、岁月年轮沉淀的斑驳痕迹。历史不应该被忽略，更不应该被遗忘，牢记那段革命战争年代的红色历史更是责任。为了那些不应该被忘却的记忆，为了那些不应该被丢弃的信念，于是就有了这套《红色记忆》丛书。

曾记否，当草鞋与意志丈量出来的两万五千里穿越一个伟大民族五千年的荣辱兴衰，革命的火种被一路播撒、一路点燃。人迹罕至的雪山、荒无人烟的草地被鲜血浸透，衬映出一段光辉的里程；万水千山早已被远远地抛在身后，一轮红日在黄土高原磅礴而起。满目疮痍的河山在1936年10月温暖如春……

曾记否，当生命和鲜血浸染的十几年光阴将一种记忆铭刻进一个伟大民族的历史画卷，革命的火焰从星火到燎原。这栏杆拍遍、易水悲歌般的呼号，这折戟沉沙、慷慨赴义的悲壮，这铁马冰河、枕戈待旦的苦战，这红旗漫卷、所向披靡的豪迈……腔腔热血、铮铮铁骨早已被熔铸成一座不朽的丰碑，中华民族从苦难中百死后生的壮丽诗史凝结成了五星闪耀的红色记忆。

曾记否，中华人民共和国成立以来，又有无数英烈接过前辈用鲜血染红的旗帜，或壮怀激烈戍边卫国，或忠于职守鞠躬尽瘁，或绝甘分少奉献大爱，甘做国家强盛、人民富裕的铺路石，成为和平年代民族复兴的荣光，把人民心中的红色记忆浸染得分外鲜艳，永不褪色。

这红色记忆，是信念不衰、志向不改的崇高气节；这红色记忆，是无私无我、生属苍生的博大胸怀；这红色记忆，是敢为人先、披荆斩棘的拓荒精神；这红色记忆，是中华民族最宝贵的精神财富。它告诫我们，人事有代谢，传承无绝期。缅怀先烈精神，继承先烈遗志，是社会的道德和民族的良心，是后来者须臾不可忘怀的本分。

老一代人把历史的真实交付给我们，我们有责任用真实还原历史，传承给下一代，把那段岁月与现在年轻人的生活连接到一起，使他们眼中的历史变得立体、真实、可靠，让历史成为他们前进的动力。本丛书将那些流动的、随时会飘散在时间天际的事件凝固下来，希望透过这些文字、图片，感受到英雄们那坚定的革命信念，感受到那个年代澎湃的革命激情，真切体会那段“红色历史”。

忘记历史，就意味着背叛。让我们重温历史，缅怀先烈，从中汲取力量，毅然前行。

刘栋

目录 CONTENT

CONTENT

彭德怀在朝鲜战场

文/《彭德怀传记》编写组

抗美援朝时期志愿军司令员彭德怀正在观察地形

临危不惧

1950年10月23日，炮声由远渐近，成群的美机低空掠过。这时，朝鲜人民军正向北撤退，而中国人民志愿军尚未赶到。位于大洞的志愿军指挥所仍然只有彭德怀和一名参谋、两名警卫员、几名电台人员；另有朝鲜代表朴一禹带来的人民军一个警卫班的十余人。

傍晚，志愿军第四十军一一八师前进到大榆洞山沟口。该师师长邓岳回忆说："这时，听到东南方向几十里外有咚咚的炮声，我们判断是温井方向。但规定军、师电台不准开机，敌情不明，地形不熟，既无上级指示，又无友军通报，此仗怎么打，我们非常着急。于是，我和政委张玉华乘吉普车朝山沟内开进，去向彭总请示。"

正在屋外的杨参谋看见邓岳和张玉华，高兴地带他们去见彭总。他们在门口喊了声"报告"，彭总马上过来紧紧握住他们的手，说："你们率部队来到这里太好了，太好了！"又问，"你们吃饭没有？"然后让他们坐下，亲自给他们倒水。

邓岳向彭总报告："我们一一八师共有一万三千多人，听到温井方向炮声不断，但前面情况一概不知，请彭总指示我师到哪个方向去作战。"彭总生气地说："现在敌军正跟踪追击，到处乱窜，情况很危急，你师赶快去温井以北占领

设在山洞内的彭德怀指挥所

有利地形，埋伏起来，形成一个口袋，大胆把敌人放进来，然后猛冲猛打，狠狠地杀一下敌人的气焰，掩护我军主力集结展开，这是志愿军出国后的第一仗，你们师是打头阵的，看看你们行不行！”

彭总明确而坚定的指示，使邓岳和张玉华增强了信心，立即率领部队迎着炮声朝东南的温井方向跑步前进。邓岳说，当时彭德怀所在的大洞，离温井只有几十公里，处境十分危险，敌人是乘坦克和汽车进攻，速度很快，非常猖狂。彭老总身先士卒，大敌当前临危不惧的精神，大大鼓舞了入朝部队的斗志。

首战告捷

10 月 24 日晨，彭德怀和朴一禹率指挥所人员由大洞转移到附近的大榆洞。当天下午的作战会议上，确定了彭德怀提出的大胆实施战役迂回，以分割包围穿插的战术在运动中寻机歼敌，力求稳定局势，站稳脚跟，然后再反击敌人的战役方针。

这时，麦克阿瑟指挥的东西两路第一线军队有十个师、一个旅和一个空降团，共约十三万之众，被朝鲜北部的高山峻岭隔断，在北进中互不联系，中间出现了八十多公里的空隙：而南朝鲜军队为抢先攻到鸭绿江，又各以一两个营为一股放胆而进。

彭德怀根据敌军态势，决定集中十八军、三十九军、四十军全部及四十二军的一个师于西线的云山、熙川地区，以优势兵力在运动中围歼敌人；东线山高林密，则由四十二军军部率两个师在长津以南进行阻击，保障西线各军侧翼安全。

10 月 25 日，中共中央决定将十三兵团司令部、政治部改为中国人民志愿军司令部、政治部。以彭德怀为中国人民志愿军司令员兼政治委员，邓华（兼副政治委员）、洪学智、韩先楚为副司令员，解方为参谋长。以彭德怀为志愿军党委书记，邓华为副书记。自此，正式组成了中国人民志愿军的领导核心。

10 月 25 日，西线“联合国军”分多路毫无顾忌地北进。7 时左右，南朝鲜军第一师先头部队沿云山至温井公路北犯，遭到志愿军四十军一二〇师的迎头痛击。10 时左右，南朝鲜第六师先头部队一个加强营和一个炮兵中队，由温井北进到两水洞地区，正闯入彭德怀部署的志愿军四十军一一八师口袋阵里。一一八师师长邓岳，根据彭德怀“千万不能让敌人跑掉”的指示，采取拦头、截尾、斩腰的战法，不到两个小时，便将大摇大摆的几百敌人全部歼灭，从而打响了震惊世界的中国人民抗美援朝战争的第一仗。这具有历史意义的 1950 年 10 月 25 日，后来被定为中国人民志愿军抗美援朝、保家卫国作战的纪念日。

志愿军入朝后向敌后迂回

在云山战斗中被志愿军第三十九军俘虏的美军

志愿军第四十二军某团第四连在黄草岭战斗中

分途歼敌

10月25日晚，彭德怀根据敌人兵力分散且尚未判明中国军队是否入朝的情况，又决意改变作战方案，给毛泽东去电，说："敌以坦克数辆和汽车十几辆组成一（个）支队到处乱窜，我企图一仗聚歼两三个师甚困难，亦再难保守秘密。故决定以军和师分途歼灭敌之一个团和两个团（今晚已开始），求得在第一战役的数个战斗中歼灭敌一两个师，停止敌乱窜，稳定人心……"毛泽东翌日复电，完全赞成彭德怀"分途歼敌"的方针。

麦克阿瑟对南朝鲜第六师五百多人在温井以北被歼一事置若罔闻，对李承晚一再吃惊地喊叫已遇到中国军队的呼声也满不在乎。仍令其第一线主力部队十余万人继续向鸭绿江推进，要按原定计划在11月23日美国的感恩节前占领全朝鲜。

10月26日下午，彭德怀召开志愿军紧急党委会，讨论歼敌部署。他针对敌人进攻的特点，说："我军必须依据麦克阿瑟的战役企图，采取相应的对策。现在后梯队第五十军和六十六军已开始过江向指定路线前进，我们地面兵力已占绝对优势，关键是各军能否抓住战机和敢于大胆穿插围歼敌人。"会后，彭德怀指示参谋长解方再次电令各军避开主要道路，隐蔽开进，诱敌深入，分散敌人。主力隐蔽展开，占领有利地形待机歼敌。同时四十二军的两个师亦已奉命在黄草岭、赴战岭一线钳制东线之敌，配合西线作战。

10月31日，西线敌军分路向新义州和朔州方向进攻，先头部队进到距中朝边境仅三十公里的大馆洞和南市洞一线。彭德怀迅即抓住战机，以三十八军断后，三十九军、四十军分歼云山、宁边之敌，新入朝的六十六军钳制美、英军队，对敌分割包围。

11月1日15时，志愿军各军、师遵照命令，对当面之敌发起围攻。三十九军提前发动攻击，经一夜激战，攻占了云山，歼灭美军骑一师第八团大部和南朝鲜军一部，缴获大批物资。志愿军与美军的第一次交锋取得了胜利。

在志愿军各军的连续突击下，敌人深恐后方交通被切断，遂于11月3日在大量飞机、火炮和坦克的掩护下全线撤退。彭德怀即令各军"采取一切办法迅速抓住敌人，不让敌人逃脱"，又命三十八军迅速向军隅里、新安州方向切断敌人与后方的联系。由于三十八军没有按时到达指定歼敌位置，敌人大部漏网逃走。

彭总发怒

彭德怀对这次精心部署的歼敌方案没有完全实现大为恼怒，考虑到歼敌机会已失，部队所带粮弹将消耗尽，如渡过清川江追击，势必陷于不利态势；同时敌人主力未被歼灭，很可能再次发动进攻。为保持下一战役的主动，即于5日下令西线各军停止进攻，结束战役。

东线志愿军四十二军奉彭德怀之命，以两个师的兵力阻击"联合国军"的进攻。在咸兴以北之黄草岭凭险据守，敌军用几十架飞机和大量坦克配合，对四十二军阵地进行连续而猛烈的攻击。四十二军在朝鲜人民军的配合下，依托野战工事，与敌连续激战十三个昼夜，歼敌两千七百余人，粉碎了敌人进犯江界的企图，有力地配合了西线的作战。彭德怀特电四十二军一二四师全体指战

员予以嘉奖。由于志愿军主力在西线反击作战已告结束，彭德怀命令该军于7日凌晨转移休整，准备再战。至此，中国人民志愿军和以美军为首的“联合国军”之间的第一次战役结束。

第一次战役是在朝鲜民主主义人民共和国极端危急、志愿军仓促入朝的情况下进行的。经过连续十三个昼夜的战斗，志愿军获得初战胜利，总计歼敌一万五千余人，把“联合国军”从鸭绿江边打回清川江以南，打破了麦克阿瑟在感恩节前占领全朝鲜的计划，稳定了朝鲜战局。

中国人民志愿军突然出现在朝鲜战场，给骄进之敌当头一棒。后来接替“联合国军”总司令的美军上将李奇微对此评论：“中国军队很有效地隐蔽了自己的运动。他们采取夜间徒步运动的方式，在昼间则避开公路，利用隧道、矿井、丛林和村落进行隐蔽。每个士兵都能做到自给自足，携带由大米、豆类和玉米面做成的干粮，他们避免做饭的火光暴露自己的位置，没有留下一点运动的痕迹。中国军队迅猛而突然的打击接踵而至，以至于很多部队还未能弄清楚究竟发生了什么事情就被打垮了。”

但彭德怀对与“联合国军”的初次交锋的结果并不满意，第一次战役结束后，彭德怀就在大榆洞召开志愿军第一次党委扩大会议，在会上作了“第一次战役的基本总结及第二步作战方针”的报告。他说：“这次战役之所以击溃敌人多（十四个营），歼灭敌人少（十一个营），客观原因是时间仓促，山大林密、道路不熟、语言不通、散兵难俘等。但主要原因还是我们战术上有缺点，有的部队在敌我相等的情况下，不是采取以小部挡正面，主力从敌后和侧翼攻击；不懂得首先完全断敌退路，把自己的主力插到敌背侧攻击是最有效歼灭敌人的战法。”

彭德怀表扬了担任正面攻击的三十九军、四十军及时捕捉战机，打得勇猛顽强。四十二军的两个师在东线顶住了敌军多次猛烈进攻，完成了牵制东线之敌的任务。同时严厉批评三十八军的领导对敌估计过高，不敢大胆截断敌人退路，使这次可能歼敌两三个整师的战役计划未能完成。稍停，“当然，这次战役打得不理想，我彭德怀也有责任，不能把责任完全推给你们。”彭德怀又说：“此役未歼灭敌军主力，敌人也还没有摸清我军的兵力，一定会组织反攻，我军应作好迎敌进攻的准备。在我空军、炮兵、坦克未组成前，我们仍以分散敌人，尔后采取运动战、阵地战、游击战相结合，内线和外线相结合的方针，分割包围，各个歼灭敌人。”

会议结束后，彭德怀邀第一副司令员邓华在大榆洞外散步，两人边走边谈。彭德怀说：“我一辈子打仗，没有什么高招，只懂得指挥千军万马打仗，可不是儿戏，必须精心策划，周密部署。指挥员多用一分心血，战士就少流一分鲜血，不能以战士的生命去无谓冒险。要牢记，任何父母，当知道自己的孩子牺牲了，那痛苦和悲伤都是难以忍受的！”

（本文选自当代中国出版社出版《彭德怀传》）

徐海东指挥周家岗战斗

文/许恒贵　徐　舟

徐海东

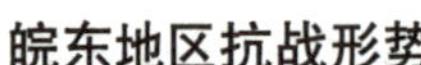

皖东地区抗战形势

1937年12月18日，日军第十三师团先头部队侵占滁城，皖东各县相继沦陷。日军为了北占徐州和西攻武汉，兵力分散。国民党政府军败退到大别山一带，临走时丢弃了大量武器。从上海、南京等地撤出的大批知识青年则积极要求参加抗日。1938年3月，新四军第四支队分别从湖北红安七里坪和河南信阳出发东进抗日。4月初进至皖中，其先头部队第八团于9月进至合肥县梁园和全椒县大马厂。1939年5月，由第八团第二营扩编的挺进纵队，从滁县常山岭出发进入津浦路东地区。7月，以第四支队第八团为基础扩编成立新四军第五支队。第四、五支队进入皖东各县，发展了一些游击队并有一部分充实到主力部队；地方党的组织发展了一部分共产党员和抗日群众团体，初步建立了抗日游击根据地。但是由于王明“一切经过统一战线”右倾机会主义路线的错误影响，地方党的组织力量薄弱，方向不明，不敢放手发展人民武装，不敢建立政权，干部缺乏；部队装备不齐，武器很差，缺少弹药；冬季无棉衣，粮食的供应难以为继。同时，国民党则抢先在皖东地区设立县、区、乡政权及其武装，其安徽省政府皖北行署及其第十二游击纵队设驻定远县；第五行政区督察专员公署及其第十游击纵队和桂军一个特务营则设驻全椒县古河镇，同时收编土杂武装，与我争夺淮南地区。新四军不仅在政治、经济等方面孤立无援，而且处于敌、伪、顽的夹击之中，情况危急。

刘少奇受中共中央委派及时赶到皖东，积极传达党的六届六中全会精神，批判了王明右倾错误主张及其在新四军中的影响，强调要独立自主地发展抗日武装，建立抗日根据地和民主政权。1939 年 12 月上旬，在定远县安子集召开的部队和地方干部会议上，刘少奇指出：“要放手发动群众，壮大武装力量，建立抗日民主根据地。在华中要肃清王明右倾机会主义错误造成的影响。帮助五路军建立根据地的口号是错误的。替人家抬轿子，帮人家整顿保甲，结果自己连立足之地也没有，被人家赶出来。”他尖锐地批评了流寇思想：“我们连军阀都不如，军阀还有地盘观念，而我们却甘居别人的屋檐下，人家想什么时候赶你走，就什么时候赶你走。我们要深入敌后，向东发展，直到海边，建立大片的抗日根据地。”并针对国民党向我军进攻的情况，明确提出了在反“扫荡”中坚持反“摩擦”斗争的方针。他高瞻远瞩，不仅及时挽救了濒临危险境地的新四军江北部队，而且较好地解决了军队和根据地建设上的一系列重大问题，使新四军江北部队和淮南抗日根据地不断发展巩固。

周家岗反“扫荡”之战

1939 年 12 月中旬，侵华日军第六师团长谷寿夫，纠集南京、明光、蚌埠等地的日伪军两千余人，麇集于滁县、沙河集、全椒等地，分三路从东、南和北面“扫荡”我游击根据地周家岗。

盘踞于全椒的日伪军，一路千余人于 19 日夜 11 时出动，经东王集于 20 日拂晓进至大马厂，另一路日伪军于 21 日晨经石沛桥、穿岭集向周家岗进犯。驻滁县的日伪军于20日晨分两路出巢，一路经赤湖铺、关山店、珠龙桥窜入施家集，另一路经官庄窜入施家集。两路日伪军在施家集会合后，向周家岗推进。这次“扫荡”之敌，配有九二步兵炮和山炮十余门，运送弹药、物资的骡马和挑夫紧随其后。“扫荡”的日伪军仗着其

新四军阻击日军

装备优势，非常疯狂，一路上鸣枪鸣炮，见人就杀，见房就烧，见东西就抢，实行灭绝人性的“三光”政策。

新四军进行反“扫荡”战斗

为了配合全椒、滁县的日伪军对周家岗地区的“扫荡”，21日，巢县的日伪军出动近千人，经含山和程家市侵入古河镇。驻扎在该镇的国民党安徽省第五督察专员兼第十游击纵队司令李本一，虽然拥有兵力五千余人，但被日伪军的嚣张气焰吓得丧魂失魄，没有抵抗就丢弃了古河镇，一口气跑到和县的善厚集躲了起来。日伪军闯进古河后，奸淫掳掠，无所不为。全镇被烧毁砖瓦木结构小楼十座，平房四百余间，被杀害的无辜群众达一百多人。农民童严发躲在猪圈里，被日军拉出来戳了二十多刀，惨不忍睹。井刘村有个五十多岁的刘姓妇女被日军一枪打在肚子上，爬了半里多路才死去。没有遇到任何抵抗的这股日伪军，侵占古河，施尽淫威后，即配合北路之敌“围剿”周家岗。

面对来势汹汹的敌人，12月18日，中共中央中原局书记刘少奇紧急召集新四军江北指挥部指挥张云逸、副指挥徐海东、政治部主任邓子恢等人开会，商讨对策。刘少奇分析了敌情后，认为：敌人这次出动兵力多，来势凶猛，我们应先避其锐气，转移待机，而后，击其弱的一路。张云逸、邓子恢等都发言表示赞同。徐海东则提出自己的看法：“少奇同志来皖东后，一直讲抗战要有个‘家’，我们在皖东的这个‘家’才搭了个架子，敌人就大动干戈，要摧毁它。这次如果不给敌人一个迎头打击，敌人的气焰会更加嚣张，今天‘扫荡’这个地方，明天‘扫荡’那个地方，就会把我们这个‘家’扫光了。”徐海东认为，敌人现在骄纵蛮横，我们要充分利用敌人这一弱点；骄兵必败，找准机会，出其不意，攻其不备，狠狠地揍敌人一顿，使敌人不敢再轻举妄动，唤起民众抗战信心，以达到巩固和扩大我路西革命根据地的目的。

为打开皖东的抗战局面，鼓舞民心，使新四军在津浦路西站稳脚跟，更好地创建皖东抗日根据地，中原局决定组织一次反“扫荡”战斗，给日军以沉重打击。反“扫荡”战斗由刘少奇直接领导，并点名要徐海东将军亲自指挥。

徐海东，这位身经百战的著名红军将领，抗日战争全面爆发后，曾任八路军第一一五师第三四四旅旅长，率部参加过平型关战役和晋察冀边区反“八路围攻”、晋东南反“九路围攻”，指挥了温塘、张店、町店等战斗。特别是町店

1938 年 5 月，皖南新四军部队向苏南敌后挺进

一战，取得全歼日军一个联队，毙伤敌军近千人的重大胜利。1938 年 6 月，因病回延安，曾入马列学院学习。1939 年 9 月，徐海东随刘少奇赴华中，任新四军江北指挥部副总指挥兼第四支队司令员。

徐海东将军接受任务后，不分昼夜，废寝忘食地考虑着如何打好这一仗。在敌强我弱的情况下，要做到出其不意，攻其不备，最好的战法是伏击。敌人现在求战心切，一心想找新四军主力决战，如投其所想，就能将敌人诱至预设的伏击区，达到预期效果。

伏击区放在哪里？怎样引诱敌人？部队如何部署？徐海东一遍又一遍地审视地图，反复地分析各路敌情。他发现在周家岗与复兴集之间有块狭窄山地，在此埋兵伏击定能出奇制胜。敌人为打击我军定会合击周家岗，而大马厂一路的敌人距周家岗较远，很可能首先行动。如果在复兴集一带阻止大马厂一路敌人北犯，就可以引诱已进至施家集、枣岭集的两路敌人进入伏击区。一个完整的作战方案终于形成：选择有利地形，诱敌深入，伏击敌人，给敌人以有力打击，待敌溃退时，再沿途袭击和追击。

徐海东将军做出作战部署：以第七团三营七连、八连在周家岗西北之常山岭一线占领阵地，防备敌人西犯，保证中原局、指挥部和第四支队司令部的安全；以第九团主力在周家岗以南复兴集、玉屏山一带构筑阵地，先以少量兵力阻击大马厂之敌北进，伪装成第四支队主力，引诱枣岭集和施家集两路日军来夹击，待敌溃退时，主力再出动，乘胜追击；以第七团一营、二营和九连埋伏在周家岗至复兴集之间的一带山地，占据有利地形，构成口袋形伏击区，待日军进入伏击区后，狠狠地打击；以若干小分队埋伏在日军可能溃退的路上，袭击逃敌。

敌人的行动果然不出所料。21 日拂晓，进至大马厂之敌首先北犯。新四军第四支队九团以三个连的兵力，依托有利阵地阻击敌人。经过七个小时的激战，敌人被迫退缩至复兴集。

21 日上午，进至施家集和枣岭集的两路日军合击周家岗，扑了个空。两路敌人会合后，得知复兴集附近正在激战，迅即向复兴集方向运动，企图与复兴集日军合击新四军。下午 4 时 30 分，日军进入第七团一营伏击区。只听得一声“打”，枪声、手榴弹声顿时响成一片，山呼谷应。敌人猝不及防，慌乱一团。一营迅即发起冲锋，战士们如猛虎下山，锐不可当，将敌截为数段，使其首尾不能相顾。敌人伤亡惨重，前不敢进，后不敢退，连夜龟缩在附近的小山庄，据险固守，不敢妄动。

徐海东将军料到日军天亮后会向复兴集逃窜，当即命令第七团除以一部兵力趁夜袭击敌人外，其余兵力分别设伏在通向复兴集的道路旁。22日，日军果然夺路向复兴集溃逃，当即遭到我军痛击。敌人连遭打击，士气沮丧，于23日上午全线撤退。第七、九团随即跟踪追击。经过三个昼夜的战斗，第七、九团共毙伤俘敌一百六十余人，其中击毙日军中队长毛高千穗，生俘日军小队长一人，缴获了大量的武器弹药和军用物资，胜利地粉碎了敌人“扫荡”周家岗的阴谋，打破了所谓新四军“游而不击”的谎言。

这一仗，徐海东将军运筹帷幄，有进有退，攻守兼备，运兵如神，粉碎了日军对皖东的第一次“大扫荡”，收复了周家岗、复兴集、大马厂、古河等地，巩固和扩大了皖东抗日根据地，狠狠打击了日军的嚣张气焰，近半年之久，敌人未敢对我根据地进行“大扫荡”。

周家岗反“扫荡”战斗后，徐海东这位红军将领积劳成疾，1940年1月28日在作战斗总结报告时，口吐鲜血，昏倒在会场。经医生诊断是肺病复发。徐海东的病情一天比一天严重，吐血量不断增加，以致卧床不起。徐海东虽然病重，但他没有停止工作，仍躺在担架上指挥战斗，被皖东人民誉为“担架上的将军”。

斯诺先生给徐海东同志拍摄的照片

（本文选自《皖东晨刊》）

饶氏兄妹

——从黄花岗到红岩村

文 / 杨山山

1941 年饶国模在红岩

19 世纪末 20 世纪初，清政府政治腐败、国弱民贫，加上列强入侵，民族危机日益严重。为了救国济民，一大批仁人志士开始打破思想的禁锢、寻求救国救亡的真理，纷纷踏上革新之路。

在革命斗争高潮迭起的大足，思想进步、追求上进的饶家子女也加入了革新变旧的时代洪流中。长子饶国栋，在光绪末重庆府师范学堂读书时，参加了同盟会，从事民主革命活动。次子饶国梁，为同盟会员，在辛亥革命广州起义中英勇牺牲。三子饶国材，早年参加中国共产党，中华人民共和国成立前长期从事党务工作，对大足县共产党的建立和发展，作出了贡献。四女饶国模于 1938 年将重庆红岩嘴农场部分房产租给八路军设立办事处，对中国共产党领导的新民主主义革命，建立了不朽功勋。饶氏一家，包括子侄饶友瑚、刘文化、刘参化、刘纯化、刘圣化等，也多系中华人民共和国成立前加入中国共产党的地下党员，堪称跨时代的革命家庭，故县人称其为“革命之家”。

饶氏兄妹几人感情甚笃，在革命的

一位是重庆唯一的黄花岗七十二烈士，为了挽救民族危亡慨然赴死；一位是红岩大有农场的主人，在抗战的困难时期为共产党、南方局提供了不可估量的帮助。饶国梁、饶国模兄妹，为了民族独立、民主共和而赤诚奉献。邓颖超同志提到饶国模时曾说：“没有刘太太，哪来我们的红岩哟！”

革命之家　兄妹情深

自饶氏兄妹先祖从贵州迁至四川以来，就住在大足（现重庆市大足区）云路场，乃耕读世家。父树奇好读书，会文章，因希望子女将来能成为社会栋梁、国人楷模，遂取其名为国栋、国梁、国材、国模等。

道路上相互影响、相互勉励。饶国梁与饶国栋曾相互赋诗言志：

曹植成诗心如焚，豆萁煮豆泪满襟。

不学曹玉窝中斗，要做苎麻拧成绳。

饶国栋曾回赠：

哥哥不敢妄称栋，弟弟却可巧作梁。

家山梦远有国材，驰书莫把兄妹忘。

饶国模比饶国梁小七岁，她称饶国梁为二哥，饶国梁则称她四妹。饶国模深受时代及二哥济世救国志向的影响，在心灵深处打下了民族、民主和爱国的烙印，成就了一段兄妹相继奉献革命的佳话。

黄花岗之役

“驱除鞑虏，恢复中华，创立民国，平均地权”是孙中山先生等人创立的同盟会的革命纲领。为实现中华民族的共同理想，同盟会集结有识之士组织发动了一系列起义。黄花岗起义（又称广州起义）就是其中非常重要的一次。

1911年初，黄兴受同盟会首领孙中山委托，执行1910年11月槟榔屿集会关于广州起义的决定。起义原定于4月13日举行，不料8日广州铁路工人刺杀了署理广州将军，广州城戒严，致使革命党人和军械集中困难，于是决定延期至4月27日。其间，除负责基干外，其余选锋队三百余人回港待命。这样，留在广州的革命党人只有一百多人。

辗转昆明、沈阳、上海、香港等地，不断追寻革命道路的饶国梁被选为起义“选锋”（敢死队队员）之一。他本来计划于26日晚乘船回香港，但轮渡乘客拥挤，无法登船，故而返回。27日一早到机关，才知道起义仍按原定计划于当天下午举行。

在起义时间紧迫、人员难以集中这样危急的情况下，饶国梁毅然决然地投入起义的准备工作，编入“选锋队”的喻培伦分队，计划扼守莲塘街，确保进攻总督署的胜利。

1911年4月27日下午，黄兴带领留在广州的革命党“选锋”百余人，臂缠白巾，手执枪械炸弹，直扑督署。喻培伦、饶国梁等率领的川、闽及南洋党人则往攻督练公所，以堵截援敌。起义军放火焚烧督署衙门，闻讯赶来的清兵逐渐包围了过来。饶国梁等人路遇防勇，散入街道店内，利用走廊、墙壁、柜台等作掩护，阻击清兵。因损失过大，而清兵援军又不断涌来，革命党人只得且战且走。饶国梁走在最后，与大队失散，行至北大门，因道路不熟，误入清兵营内。清兵边开枪边包围，饶国梁不断还击，不幸手臂中弹负伤。清兵乘机扑来，饶国梁仍奋力搏斗，终因伤重，弹尽力竭，为清兵所擒，并于4月30日遇害。广州起义失败后，广州革命志士潘达微将收殓到的七十二具革命党人遗骸，葬于广州郊外的红花岗，并改名为黄花岗，史称“黄花岗七十二烈士”。

孙中山先生曾撰文称，黄花岗之役“碧血横飞，浩气四塞，草木为之含悲，风云因而变色。全国久蛰之人心，乃大兴奋。怨愤所积，如怒涛排壑，不可遏抑，不半载而武昌之大革命以成”。

清政府为镇压革命，曾提审被捕的革命党人。饶国梁面对审讯，大义凛然，无所畏惧。他怒斥清政府的黑暗统治和卖国罪行，不谈革命党事，但求速死。问官为之叹息。饶国梁道：“吾辈不死，国民不生，牛马奴隶，生何荣焉；求仁得仁，死何憾焉！”饶国梁牺牲时，年仅二十三岁。

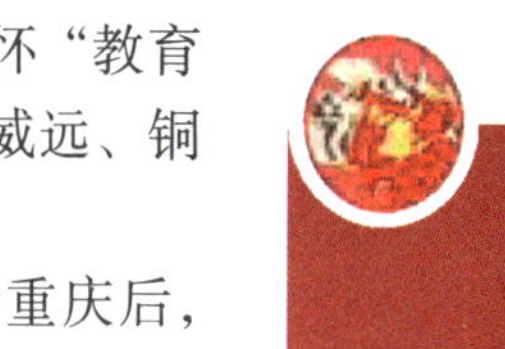

饶国模

从教育救国到实业救国

二哥饶国梁遇害的消息，是由在国民党大足县党部任职的大哥饶国栋带回家的。其时，饶国模十六岁，即将从铜梁女中毕业。饶国模崇敬二哥，不仅因为二哥天性聪颖，更重要的是二哥有一股凛然的正气，年纪轻轻就胸怀济世救国之大志。饶国模为二哥捐躯革命既感到哀痛又敬佩和自豪。二哥曾提过，西洋、东洋诸国之所以国力强盛，皆得力于国民素质高，国民素质高又概因其国民受教育程度高。于是，1912 年，饶国模只身来到成都，顺利考入了创办不久的益州女子师范学校。

饶国模到学校后，立即与新思潮为伍，追随校长、女权运动的倡导者崔觉民，主张男女平等，婚姻自由，并冲锋陷阵，带头实践。先在同学中开展剪辫子、放缠足；后反对包办婚姻，身体力行，自由恋爱，还用全新的婚礼仪式，与铜梁籍学生刘国华结婚。满怀“教育救国”理想的饶国模，先后在威远、铜梁和大足等地小学任教。

1919 年，饶国模随夫迁居重庆后，积极从事妇女运动。而丈夫刘国华因逐渐沾染旧官场恶习，与饶国模发生矛盾，造成夫妇感情破裂。饶国模带着三个子女，坚强地独立生活。

通过实践，饶国模认识到没有经济实力，无论是搞教育救国还是开展妇女运动，皆无法走通，于是转而追求和践行“实业救国”的主张。为此，她曾和八名女性朋友创办了上海女子工业社四川分社。后来，四川军阀政府发动私人投资开垦重庆郊区的荒地，饶国模将积存多年的钱取出来，购买了化龙桥附近的两百多亩荒山沟，创办了重庆红岩嘴农场，打算搞自己熟悉的农业。

饶国模聘请农艺师、亲自学农务农，通过艰苦创业，农场逐渐有了起色。1931 年，九一八事变爆发，蒋介石“攘外必先安内”的不抵抗政策，让关心国事的饶国模忧心忡忡。在重庆各界募捐支援东北义勇军时，她将准备扩建农场的二期建设资金全部献出，创下了当年重庆的个人捐献数额之最。

经过五六年的辛勤经营，饶国模的农场已花果满山，绿树成荫，远近闻名。她干脆卖掉曾家岩“知还山馆”，在农场里修建起一栋住房，带着追求革命进步的三个儿女，离开闹市，以农场为家，更认真地经营起农场来。

抗日战争全面爆发后，国民党军队一溃千里，与八路军、新四军的英勇抗战形成了鲜明的对照，饶国模逐渐认识到只有共产党才能够救中国。其间，她曾担任重庆妇女慰劳会委员兼劳动部部长，四处奔走，广泛发动妇女爱国，赶制棉衣慰劳抗战将士，并募集捐款支援前方。

这时，饶国模的弟弟饶国材、侄女饶友瑚、堂侄刘文化，已是中共地下党员，经常出入她家。得知自己的子女也秘密参加了共产党时，她十分欣慰。女儿夏静（刘纯化）曾回忆说："当母亲得知我们三姐弟参加了共产党，还特地办了一桌好饭菜，表示祝贺。"

通过办农场，饶国模"实业救国"的理想得到逐步实现。但她没想到的是，自己的农场将迎来如此尊贵的客人，能为抗战发挥如此重大的作用。

红岩房东

1938年初，华北、华东的城市已大片沦陷，抗日的形势越来越严峻。随着国民政府西迁重庆，周恩来、叶剑英等共产党人考虑到重庆在南方具有十分重要的地位，也派出工作人员到重庆组建八路军通讯处。1939年1月，周恩来、董必武、博古等同志到重庆后，改通讯处为办事处，其机关仍然设在原通讯处的城内机房街七十号，机要电台和一部分人员住在棉花街三十号。中共中央南方局机关就秘密设在办事处内，对外只称办事处，不提南方局。

随着南方局和办事处工作人员的增加，原机房街和棉花街房屋不敷使用，而且地处闹市又分散办公，既不利于工作也不方便防空。周恩来遂指示南方局和办事处钱之光等同志另觅合适地址。

说来也巧，八路军办事处的周怡和川东特委书记廖志高同时找房子，又同时发现饶国模的农场是最理想的场所：树木多，住户少，房子在两山之间，既便于党进行秘密工作，又有利于防备日机空袭。

饶国模听说她的农场能够帮共产党解决办公地点的问题，从而更好地组织、动员全国人民抗日，欣然同意。她不仅同意，而且立即划出房基地，帮助设计，代垫建筑费用，亲自出马购置建筑原材料，又从大足、铜梁家乡请来工匠，及时破土动工。当时负责组织建房的蒋泽民老人曾回忆："建筑材料，有的要到山下去买，大部分则要过嘉陵江去采购。重庆多是山路，刘太太年龄大了，人又发胖，来回都坐滑竿，速度较快。无论上山还是下山，我都跟在后面紧跑，累得气喘吁吁。她坐在颤悠悠的滑竿上，常常回过头大声喊：'慢点，小伙子，慢点……'"

房屋未修好前，饶国模还先让出两层楼和一幢草房给董必武、何莲芝、博古、凯丰等同志居住。周恩来、邓颖超等南方局和办事处的领导同志到红岩嘴来躲空袭的时候，都在饶国模家里住过。

1939年5月3日和4日，日军连续对重庆进行大轰炸，机房街的办事处被炸毁，棉花街的宿舍被烧，全体人员只得连夜迁向红岩嘴。在此情形下，饶国模又把两幢农工住的平房挤出来，不够的再搭上席棚，安顿办事处全体同志，并为其烧水做饭。钱之光、童小鹏等昔日南方局的工作人员回忆起这段艰难的日子，曾撰文称："当我们遭受日本帝国主义的轰炸而满腔仇恨的时刻，得到饶国模一家的热情关怀。我们每一个工作人员都感到十分温暖，衷心地感谢他们。"

在红岩嘴住下以后，全体人员很快恢复了紧张的工作，并积极参与建房。这年冬天，农场的山坡上矗立起一幢土

红岩礼堂

红岩村南方局、八路军办事处大楼

红岩托儿所

木结构的三层楼房。这就是以周恩来同志为首的南方局在十四年抗战中领导国民党统治区统战工作和党的工作的司令部，名震中外的红岩小楼。

楼房竣工后，公开挂出了八路军办事处的牌子，敌人开始找饶国模的麻烦。幸亏周恩来思虑周全，草签有一纸租房协议，使饶国模有恃无恐，说：“谁给钱，我都租房！”其实，八年里，她一分房租也没收过。相反，不久国民参政会在左边建办公大楼，她却收了房租，转手用来支持共产党抗日。

来往于延安和南方各省的干部要在办事处住宿、学习；在前线、延安工作和南方各省做地下工作的干部要培训，这既需要场地，亦需要招待所；一些同志带有孩子，还有一些同志结婚后生了孩子，需要托儿所；干部们在艰苦的条件下，不少人生了慢性病，没有钱，也无法在外面就医、疗养，需要疗养所；一些同志病逝、牺牲后需要墓地；大家在与外界隔绝的条件下生活，需安排锻炼身体的场所；生产自救需要菜地，如此等等，饶国模都一一给予解决。在红岩嘴农场院内，她让房、划地先后办起了招待所、托儿所、篮球场；在附近把最好的土地拨给办事处种菜，又把距红岩二十里的高峰寺梨子园的房子给办事处作了新华印刷厂和干部疗养所；还把小龙坎福元寺的产业地拨了一部分作八路军公墓……

1941年，皖南事变发生后，国民党断绝了办事处和延安的交通，办事处经费短缺，一时连开饭也发生了困难。饶国模知道后，偕同儿子到市中区向一姓陈的亲戚借贷，将大小钞票装了一麻袋，母子俩背回红岩，交给办事处救急。当借贷无门时，她竟暗中将梨子园的梨树砍来卖了，让农场工友到铜梁买了大米，运回供办事处的同志食用。周恩来知道后，十分感动，说：“革命胜利后，一定要广栽果树，以感谢饶国模那样的人民群众的无私支援。”

此外，饶国模还利用自己两个哥哥是老同盟会员和国民党员、丈夫也是国民党员的背景，以及自己“农场主”的特殊身份和广泛的中上层社会联系，援助同志，掩护革命。

1940年，三八妇女节召开万人纪念大会，邓颖超发表演讲，号召团结抗日，饶国模也参加了。“基督教女青年会”中有两位女记者很进步，邓颖超、廖似光除了邀请她们参加会议，写新闻报道，把共产党的政策传达到国内各地“新生活妇女指导委员会”外，还和她们一起研究一些方针政策和相关工作，并希望她们参与。但邓颖超、廖似光的共产党人身份却不宜与这二人长期联系，便把这个工作交给了饶国模。饶国模不负众望，经常与两位女记者联络，使那两位女记者写出了许多宣传共产党观点的报道，并在国民党的报刊上发表。

著名电影演员陈波儿等六名同志经办事处去延安，未接上头，饶国模便以家作接待站。刚安排陈波儿住下，特务便来纠缠，饶国模一面与特务说理，一面派人报告办事处，后来钱之光出面申明是办事处人员，在此等车去延安，特务方无可奈何地离去。

1945年，办事处人员增加，最多时达到近二百人，住的地方很挤，吃饭都在草棚里。办事处的同志与饶国模商量，再建造一座楼房，楼下做礼堂兼饭厅，楼上做宿舍，饶国模一口答应并热心帮助。第二座楼建成的时候，正好毛主席到重庆同蒋介石谈判，礼堂第一次使用，举行了欢迎毛主席的文艺晚会。毛主席听周恩来讲了饶国模的情况后，决定宴请饶国模，对她多年来的奉献表示感谢。后饶国模通过周恩来回请毛主席，毛主席一口答应。

在红岩嘴的八年时间里，办事处的工作人员与饶国模亲密无间，情同一家，结下了深厚的革命友谊。1946 年五六月间，同志们离开重庆到南京时，都对她依依惜别。董必武在临行前曾写下《题赠饶国模女士一绝志谢》的七言绝句：

八载成功大后方，红岩托足少栖惶，
居停雅有园林兴，款客栽花种竹忙。

诗后附有题跋：

倭寇侵逼，国府西迁，重庆襟江背岭，成为战时首都。远地来人云集潮涌，吾辈初至此邦，几难措足。铜梁饶国模女士，豪爽好客，渝郊红岩经营农场，欣然延纳，结庐其间，忽忽八年矣，当胜利还都，赠一绝志谢。

董老将写好的诗献给饶国模后，饶国模恳求他给农场取个名字，董必武想了想，说：“以地名定，叫红岩嘴农场；若以建场的地位、作用，却像是大家所有的农场，就叫大有农场吧。”于是红岩嘴大有农场也就和它的主人饶国模一样，被载进了光荣的史册，成为不朽的名字。

迟到的党员身份

八路军驻渝办事处撤走后，年过半百的饶国模虽处于艰难、困苦的险恶环境中，仍与地下党的同志保持密切联系，继续支持、掩护地下党的斗争。1946 年元月，受党的派遣，胡南（胡启芬）从南京来渝，做地下工作，饶国模一个心眼地进行掩护和帮助，还在白色恐怖极严重的情况下，提出入党申请，并被批准。然而，饶国模还没有来得及正式接上组织关系，介绍人胡南就被捕入狱，英勇牺牲在渣滓洞。这使得饶国模的党籍问题在以后几十年里成了一桩悬案。

饶国模旧居

直到饶国模逝世二十周年纪念时，童小鹏等四名中共中央部长级领导干部联名，在《人民日报》上发表文章，其中提到“她的宏愿（加入中国共产党）没有实现”，引起了当年四川，特别是重庆地下党尚健在负责同志的注意，在李维嘉、李玉钿等人提供有力证明的情况下，组织部作出恢复饶国模同志党籍的决定，党龄从 1948 年 2 月起计算。

1978 年，邓颖超在北京家中接见重庆红岩革命纪念馆的同志时，说：“当年饶国模在重庆对我们的帮助，真可说得上生老病死，无微不至。”

（本文选自中国共产党新闻网）

难童妈妈罗叔章

文 / 邓建龙

参加保育工作

1938年3月10日，中国战时儿童保育会在武汉召开成立大会，选举宋美龄为理事长，李德全为副理事长，邓颖超等为常务理事。在全国各地成立二十多个分会。总会、分会各设保育院，负责收养抢救来的难童。整个抗战时期，全国先后共设立五十三所儿童保育院，共抢救保育了三万多名儿童。

为切实担负抢救收养教育难童们的工作，保育总会与各地分会选拔与抽调了大批富有爱国心、责任心的女青年，充实到各地保育院工作。为加强保育院的力量，中共抽调了大批党员骨干进入各地保育院，担任领导与保育工作。原上海工商界女实业家、中共党员罗叔章就在此时被党组织抽调来参加保育工作。

罗叔章，湖南岳阳人，十二岁丧母，十五岁入岳阳洞庭女校，十六岁考入湖南第一师范学校，二十二岁时自费入南京东南大学进修。1923年，经黄炎培介绍去印尼婆罗洲中华学校任教，后在南洋经商。九一八事变后积极参与抗日救亡运动，后加入中国共产党，并在抗日救亡运动中当选为妇女界救国联合会理事。

1938年，日本侵略军向武汉发动进攻，武汉大会战拉开帷幕，国民政府及大批机关、工厂、团体与难民纷纷向西南大后方撤退。刚成立不久的汉口临时保育院的一千三百多名保育生，也奉保育总会之令，分批向重庆撤退。

8月，罗叔章奉命率七十多名保育生乘船离开武汉，向长江上游撤退。难童们乘坐的是雇来的几只大小不一的木船，由于船小人多，拥挤不堪。加上是逆水行舟，行动缓慢，每天走不到十五公里。木船经过长江与洞庭湖汇合的城陵矶时，罗叔章站立船头，顶着烈日，迎着江风，深情地眺望着家乡的土地，这里有她的亲人，有她童年时的伙伴。自入大学离开岳阳后，已经近二十年没有回过家乡。今天回到家乡，却因战争，过“家门”而不能入，无法去看望家乡的亲人。此番离去，又不知何时才能回到家乡……

11月初，船到鄂西岳口，正是黄昏时分，夕阳映照在长江上，染红了江水、房屋、木船和树叶，给大地镀上一层颜色，使大地与江面变得美丽灿烂。突然，两架日本飞机从他们头顶掠过，一阵轰炸扫射，难童们船队后面不远处的两艘木船被日机炸沉，虽然难童乘坐的木船安然无恙，但罗叔章却深感自己的责任重大，如何能顺利地将七十多名难童带到重庆，这是她必须面对的一个重大问题。但面对这艰难的航程，她自己也不知道何时何地不会遭到敌机的空袭。

七十多名难童，许多人都没有受过良好的教育。在漫长而又枯燥的旅途中，如何使他们改掉顽劣的脾性，适应有组织的集体生活，罗叔章想尽了办法。在保证孩子们吃喝不愁的前提下，她常在晚饭后，将孩子们聚在船头，举行各种形式的餐会，以冲淡枯燥的旅途生活。

十二岁的难童孤儿杨延年，喜欢欺负小同学，占小便宜。有的难童反映到罗叔章那里，希望罗叔章体罚他一下。罗叔章仔细分析了杨延年的情况后，认为他并不是个坏孩子。于是，一天晚饭后，罗叔章召集大家照例开晚会，让大家围绕杨延年的缺点展开讨论。发言的难童非常踊跃，你一言，我一语，指出他的缺点。晚会结束时，杨延年哭了。罗叔章搂住他，轻轻地对他说："延年，大家都是为你好！你们都是苦孩子，走到一起来，是被日本鬼子逼的，大家要互相帮助、团结才是呀！"

12 月下旬，难童们到达宜昌，在这里换乘进川的轮船，经数天航程，终于结束了三个多月的漫长历程，平安地到达了重庆。

临危受命

到达重庆后，七十多名难童被分到各保育院。28 日，罗叔章接到中共南方局书记周恩来、妇委书记邓颖超的电话，要她立即赶到曾家岩八路军办事处，说有要事商量。

周恩来亲切地说："叔章呀！你瘦了。"邓颖超在一旁插话说："这样艰难的工作，能不瘦吗？叔章，辛苦了。"罗叔章刚要汇报此次率难童赴渝的经过，周恩来忙说："不用了，你们的情况我都知道了，以后再汇报也不迟，只是你不能休息了。"罗叔章用一口纯正的湖南腔回答说："那当然呀！现在抗战这样紧张！我当然不能坐下来休息。"周恩来打断她的话："叔章！休息一两天是应该的，现在我们又要交给你一个更重要、更艰险的任务。"罗叔章心中暗自猜测，会是什么任务呢？这么重要？

这时，邓颖超走过来，拉住她的手说："叔章，总会接到湖北均县保育院的急电，说那里五百多个孩子缺衣少吃，处境艰难。总会研究，派你去解救那些孩子，他们是民族的未来、革命的后代。我们知道，这是一件谁也不愿意去干的事，但责任心不强的人，我们又不敢让她去。在沈兹九（著名妇女人士）和你之间，我们犹豫了许久，最后还是选定了你，你比她年轻！"罗叔章听了这话，心里很不平静，眼前立即浮现出孩子们凄凉而又悲惨的景象。她坚定地点点头，说："我一定尽最大的努力，带好孩子们！"

从办事处出来后，罗叔章直奔总会。她通过各种途径，见到了宋美龄。听说罗叔章要去均县，想起那里已是接近战火的前线，且路途遥远而又艰难，宋美龄惊讶地盯了她好一阵，带着钦佩的口气说："那个地方鸟都飞不到的，你不怕？"罗叔章坚定地说："夫人，五百个孩子的生命更重要呀，他们是好不容易才从战火中抢救出来的。我想请夫人给我一张委任状，有了夫人的手令，许多事情会好办得多。"宋美龄含笑点头，当即写下委任状。

罗叔章拿着宋美龄写的委任状这把"尚方宝剑"，化装成一个富太太，手拎一口皮箱，踏上了去均县的路途。原路从三峡去鄂西北已不安全。她改由川北入汉中绕道西安，首先得到八路军办事处主任林伯渠的接待与支持，接着又得到了时任国民政府陕西省主席蒋鼎文的

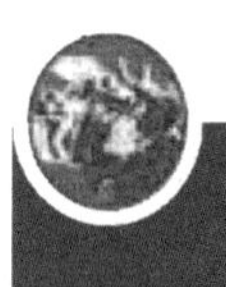

罗叔章

支持，蒋鼎文特意派了一名副官随她返回鄂西北。

一路上，她不断收集各种资料、信息，很快来到均县。均县位于汉水上游，全境都在武当山系中，是鄂、陕两省的交通要道。由于这里山高地狭，交通不便，历来属于贫困地区。武汉失守后，这里倒成了相对稳定的后方基地。第五战区司令长官部就驻在均县至老河口一带。河南、湖北两省许多军政机关和团体也撤至这里。

均县保育院设在群山环抱的道观——遇真宫里。1939年初的某天，罗叔章来到遇真宫前。此时正值隆冬季节，积雪将群山与大地覆盖成白茫茫的一片。当她推开宫门时，一阵狂风卷着雪花扑向宫里。天井里，一群群面黄肌瘦、病恹恹、畏畏缩缩的孩子，他们穿着褴褛的单衣，正三五成群地晒着太阳。有的因沙眼而眼圈潮红，有的正两手不停地捉虱抓痒。男孩子蓬头垢面，女孩子因怕长虱子而剃成光头。几位保育员正给孩子们讲故事，一位女医生则在为孩子们看病。

罗叔章进来后，所有的目光都投向她。不知是什么原因，孩子们见到这位慈祥的女性时，眼眶里闪现出盈盈泪光。罗叔章也被眼前的情景惊呆了：这些幼小的孩子凭什么该经受这般折磨？她努力抑制住自己的眼泪，一把抱住一个年仅两岁的小女孩。

放下女孩，罗叔章将所有保育员与工作人员找来，向他们传达保育总会的指令，与前任院长办好交接。在几个保育员的陪同下，将所有的保育生召集在大殿里，首先带领大家唱起了保育院院歌："我们离开了爸爸！我们离开了妈妈！我们失掉了土地！我们失掉了老家！我们的大敌人，就是日本帝国主义和它的军阀，我们要打倒它。打倒它，才可以回到老家！打倒它，才可以看见爸爸妈妈。打倒它，才可以建立新中华。"

在唱完了几首抗日歌曲之后，罗叔章以院长的身份第一次给孩子们讲话："孩子们，你们受苦了。我们首先要解决大家的穿衣问题，赶快做过冬的衣裳。要打扫卫生，医治疥疮，消灭虱子。我们还要学文化，读书，将来为国家出力……"话虽不长，但却使保育生们倍感亲切，燃起了新的希望。

孩子们叫她"罗妈妈"

话是讲了，但目前面临的境况是严峻而又艰难的。没有粮食，没有钱购买棉衣、棉被，怎么解决孩子们的温饱问题，帮他们摆脱死亡威胁，成了十万火急的事，罗叔章忧心如焚。她顾不上休

息，马上召集院里的员工，向他们了解院里的情况，共同研究商讨解决的办法。

设立均县保育院，原是中共领导人董必武的主意，并指派了党员王文宣负责。罗叔章临来时，邓颖超曾告诉她，均县保育院内有党内同志，会全力支持她。但这位同志是谁，碍于党内纪律，罗叔章不便联络，只是希望得到这位同志的暗中支持。

罗叔章对大家说：“我们一定要想尽一切办法，解决目前吃、穿、治病的问题。”保育员胡文经说：“其实，这里的机关团体多，我们可以求助于他们，只是苦于无门。”

罗叔章想到宋美龄签发的委任状，可以派上用场，便对大家说：“这个不难，我有门路，由我去解决。”经商讨研究，罗叔章制定了以下措施：一是找药请医，建立病房，及时为孩子们治病；二是依靠地方和军政界，动员群众帮助解决穿衣吃饭问题，安全过冬；三是自己动手，改造环境，建立正常的生活、学习秩序。争取尽快使保育院的工作、生活走上正轨。

第二天早餐后，罗叔章让保育员们将年纪大一点的孩子组织起来，自己动手，修理破烂房舍。上课时没有笔、墨、纸，就用破瓦片与竹根代笔，以沙滩作纸，或用碑石代替黑板，瓦片作粉笔，练习写字。没有教材，就油印一些报纸、杂志上的进步文章替代。不几天，便使学习步入正轨。

为解决生活问题，罗叔章亲自去找时任第五战区司令长官的李宗仁。第一次，因李宗仁去前线视察未见着。两天后，罗叔章再去长官司令部，李宗仁的秘书接待了她。秘书告诉她：“国母（宋庆龄）已给将军来过电报。”罗叔章明白，这是周恩来与邓大姐暗中帮的忙。

不久，李宗仁从门外进来，秘书向李宗仁介绍罗叔章。罗叔章呈上宋美龄的委任状，李宗仁看后热情地说：“我已知道了，保护这些民族后代，也是我们军人的责任。”罗叔章欲将保育院遇到的困难一一道出，李宗仁爽朗地说：“你别一一述说了，你列出一张清单，我给你批办。”罗叔章大喜过望，热泪盈眶地对李宗仁说：“我代表五百多个孩子感谢您，您深明大义，功德无量，是位了不起的民族英雄。”

李宗仁也从心里佩服罗叔章这位了不起的女性，说：“下次等夫人（郭德洁）来了，你们两人还可以畅谈一番。她任保育总会广西分会理事，也为孩子们的事奔波，你们一定有共同语言。”接着，李宗仁又说：“光靠部队的力量有限，这里有不少的地方绅士，也挺爱国的。其中有个叫孟宪章的，是均县人，你可以去找他，我也可以帮你说说话。”临别前，李宗仁邀请罗叔章为他的青年军官训练团演讲，罗叔章慨然应允。

第三天一早，罗叔章带领保育院的孩子歌咏队来到草店青年军官训练团营地。在罗叔章演讲之前，李宗仁向在座的军官们介绍了这位杰出的女性。罗叔章从容地走上讲台，她从当前的国际形势，讲到抗战必胜的远景。同时，也不失时机地介绍了保育院的情况。她侃侃而谈，言辞激烈而不失分寸，在会场引起了强烈的反响，激励着青年军官们的心。接着，保育生们走上讲台，唱起保育院院歌及其他抗日歌曲。歌声触发了军官们的思乡情和爱国心，一位军官猛地起身高呼：“把日本鬼子赶出中国去！”顿时，全场激荡，军官们全都站立起来，与孩子们一起唱救亡歌曲。看到这热烈的场面，李宗仁高兴得不停地鼓掌、欢呼。当他看见孩子们那单薄的衣裳，冻得发红的小脸蛋，不禁涌起强烈的同情之心。几天后，保育院的师生们欢欣鼓舞地接到了李宗仁赠送的布匹、食盐、棉花、医药和粮食等物品。

保育院的孩子有一半以上患病，由于缺医少药，尽管保育院的张医生夜以继日地操劳，疾病仍在蔓延。罗叔章看张医生一个人又苦又累，便通过当地绅士请来老中医，与张医生一起治好了许多孩子的病。当时，不少孩子患有疥疮。罗叔章打听到一个治疗疥疮的偏方，便吩咐总务主任按照偏方从街上弄来一批猪大肠和红枣，熬了两大锅，为每个孩子分一勺，同时用熬制好的猪油搅和上研成粉末的硫黄，外敷于患处。不久，便将所有患有疥疮的孩子治愈了。

棉花、布料虽然有了，但要制成棉衣被褥，这样大的工程量，短时间是难以完成的。罗叔章召集大家商议对策，决定去找孟宪章帮忙。孟宪章毕业于北京大学，后在日本留过学，是个爱国知识分子，曾在冯玉祥身边任职多年，两年前离开军界赋闲在家，现在是草店镇公所负责人，积极奔走于本乡与迁来的那些机关团体之间，从事抗日救亡工作。在孟宪章的动员和配合下，附近乡镇的各界妇女，放下自己的家务，自带干粮来到保育院，一针一线地为孩子们缝制衣被，经夜以继日的缝制，不久便制成了五百多套棉衣被，每个孩子一套。正在兴建鄂西战略公路的“老白公路督工处”的二十余名员工，买来布匹、棉花，动员自己的家属，也为孩子们赶制出许多过冬棉装。同时，社会各界也掀起支援孩子的热潮。

冬衣制好了，孩子们面临的一个大问题解决了。孩子们的病治好了，精神面貌焕然一新。他们冒着严寒，走遍草店一带的各个机关团体、村村寨寨，演出歌舞，回报社会各界对他们的关心。

均县保育院的生活终于走上了正轨。孩子们深知，这一切都是罗叔章带来的，没有罗叔章日夜含辛茹苦的操劳，他们不可能过上这样的生活。因此，他们尊敬地称她为罗妈妈。几十年后，生活在海峡两岸与世界各地的当年的保育生们，每念及此，无不怀念他们敬爱的罗妈妈。

1939 年 4 月，日军开始向鄂西北进攻，战火日益迫近均县。接保育总会通知，均县保育院西撤迁至重庆。4 月 4 日后，罗叔章率领五百多个保育生，昼夜兼程到达宜昌，在宜昌候船时，遭日机轰炸，一些保育生不幸罹难。难童们站在街头，一位难童悲愤地唱起了歌曲《松花江上》，向罹难的小伙伴告别。那悲壮哀婉的歌声，激起了路过军民的无限同情与怜悯，纷纷给难童们塞各种纸币、铜板。罗叔章叫人拿着大家捐助的钱，买来馒头、锅盔、大饼、油条，难童们和着泪水吞进肚子里。

难童们到达重庆后，因罗叔章在均县教导孩子们学习时，使用的教材大多是摘抄、油印的《新华日报》上的文章，政治色彩较红，遭到国民党的怀疑。为保障罗叔章的安全，周恩来将其调离保育院，到重庆创办第一药品生产合作社并任经理。而均县保育院的孩子们，除女生外，男生全部被分配到各保育院。

（本文选自中国共产党新闻网）

邓大姐在长征“特殊连队”

文/侯　政

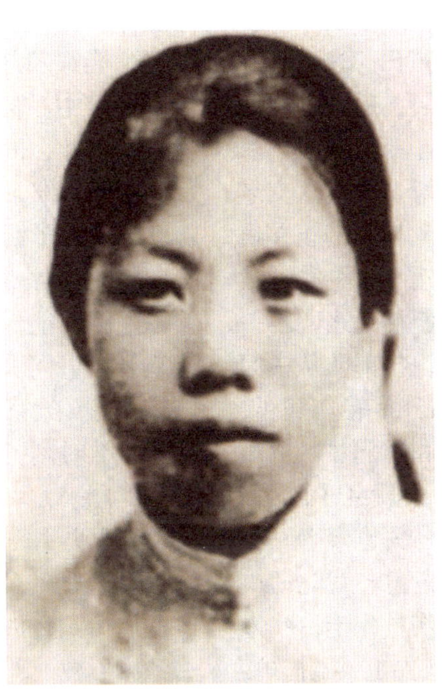

青年时代的邓颖超

在二万五千里长征路上，我和邓颖超大姐在“特殊连队”里共事过。那段经历给我留下了难忘的印象。

危急关头顾大局

“特殊连队”即中国工农红军中央纵队总卫生部干部休养连。由于这个连队里既有老弱病残，又有孕妇和伤员，因此连队党总支书记董必武同志把它叫作“特殊连队”。“特殊连队”共有三百多人，第一任连长是何长工同志。何长工被中央调任九军团政委兼任粮食局局长后，即由我接任连长。我就是在“特殊连队”认识邓大姐的。

邓大姐从瑞金出发时就身患肺病，在干部休养连当休养员。一段时间之后，为了加强党对这支队伍的组织领导，经总政治部代主任李富春同志批准，邓大姐任休养连党总支委员，并担任妇女班班长职务。妇女班共有二十四人，其中有李坚真、贺子珍、金维英、李伯钊、邓六金、钟月林等同志。妇女班担负着三项任务：一是宣传共产党的政策，扩大红军队伍；二是进行社会调查，访贫问苦；三是照顾和管理民夫队伍。这样沉重的担子，在敌人围追堵截的险恶情况下，对于一个正常人来说都很艰巨，更何况是压在一个身患重病、经常咯血的病号身上呢！但邓大姐不仅勇敢地挑起了这副重担，而且完成得非常出色。

1935 年 5 月，红军冲破贵州军阀王家烈的层层阻截，向赤水河挺进。一天，我们连队行进到贵州花苗田。这时，中央干部团已走到前面去了，后边护卫我们的军委警卫营没有跟上。天刚蒙蒙亮，还下着毛毛细雨，路很滑。我们这支老弱病残的队伍拉得很长。当我们正在通过一个圆形山冈时，突然与一个营的敌军遭遇。敌人从山冈后斜插过来，不一会儿就包抄到我们跟前，将部队从中间冲断，前边过去的一部分是轻伤病员，没过去的是一些重伤员和重病员。枪声一响，没见过战斗的民夫就乱了阵脚，有的丢掉担架跑掉了。马夫也牵着马拼命地朝前跑。情况十分危急，我立即决定让指导员李坚真组织伤员先走，我来断后。李坚真却坚持要我先走，她掩护。我生气了，严肃地大声说："我是连长，你听我指挥！"这时，身患重病的邓大姐不顾一切地从担架上跳下来，赤着脚，大声命令道："不管谁的警卫员都留下来交连长统一指挥，集中起来阻击敌人！"邓大姐首先把自己的警卫员留给我统一指挥。

邓大姐的这句话可真灵，所有首长的警卫员总共三十几名，瞬间都集合到我面前，由我指挥，顽强地阻击敌人。邓大姐和李坚真一起，组织伤病员，向大山沟转移。我们坚持战斗了半个小时，但终因敌众我寡，渐渐有些吃不住劲儿了。在这千钧一发之际，军委警卫营闻讯赶来，两面夹击，紧紧牵制住敌人，我们才转危为安。事后，我与董老、徐老（特立）、谢老（觉哉）谈起这件事，大家都称赞邓大姐危急时刻顾大局。

耐心说服钟赤兵

红军五师十二团政委钟赤兵在娄山关战役中受了重伤，医生说，必须截肢才能保住生命。性情倔强的钟赤兵怕锯了腿不能跟随部队前进，更怕被寄养在老百姓家中。他情绪低落，坚决不同意截肢。因此，同志们只好把他从娄山关一直抬到遵义城。抵达遵义时，他的伤势已经非常严重，生命垂危。医生认为，下肢完全粉碎性骨折，又大出血，只有锯掉左腿才能保住生命。截肢的事再不能拖延了。可是谁也没法说服钟赤兵，怎么办呢？大家都急得不知如何是好。

关键时刻，邓大姐把这个情况反映给了周恩来，引起了中央领导的高度重视，经中央军委开会研究作出三条决定：一是手术要做，不寄养；二是保证用担架把他抬到目的地；三是警卫人员和马夫一律不减。邓大姐向钟赤兵传达了中央军委的三条决定。

传达完中央军委的决定后，邓大姐又耐心地劝说钟赤兵："锯腿正是为了保全生命；而生命是革命者进行革命的资本，保留下宝贵的生命才能革命到底呀！"钟赤兵敬佩邓大姐，听了她的话才愉快地接受了手术治疗。手术是在没有麻药的情况下进行的，钟赤兵表现得非常坚强。手术后，邓大姐时刻关心钟赤兵的安危和伤口恢复情况。在敌机扫射休养连，钟赤兵的警卫员和一名担架员不幸牺牲时，邓大姐主动将她的一名担架员让给钟赤兵，她自己带病步行，使钟赤兵非常感动。

带头深夜搓稻谷

“特殊连队”行军到达贵州一个苗族人居住的地方，战斗虽较前减少了，但严重的缺粮威胁着连队。这里本来就是穷乡僻壤，加之国民党和地方军阀长期盘剥，土司又造谣诬蔑，使他们对汉人和红军非常仇视。在红军到达之前，老百姓就都跑光了，甚至连做饭的锅、舂米的石臼都藏了起来。我们住下后，什么吃的东西也找不到。

后来，我们好不容易在野地里找到一些稻谷，大家很高兴。邓大姐撑着虚弱的身体，带头和大家一起搓稻谷。我们把毯子铺在地上，用两块砖头放上稻谷对搓，硬是将稻谷搓成大米。邓大姐把手搓出了血泡，血泡又被砖头磨破了，她仍然搓谷不停。就这样，整整搓了一夜。董老、徐老、谢老也和大家一样彻夜未眠。尽管没搓出几斤大米，但大家觉得用它煮成的早饭，格外香甜可口。

邓大姐同我忆长征

1986年4月17日下午，邓大姐派车接我到她在中南海的住处。一见面，她就伸出双手，把我的手紧紧握住，久久不放。她亲切地说：“侯政同志呀，从延安分手后，我一直在打听你的消息，一直在找你，不知你到哪里去了。原来我们住得这么近，却直到最近才见到面。”

邓大姐说的最近，是指1986年在人民大会堂春节团拜会的时候。当时，我见到了邓大姐，向她介绍了前不久出版的《特殊连队》一书，书中记述了邓大姐长征时所在的干部休养连的事。大姐听了高兴地点头说：“好啊，好啊。”那次见面后，我兴奋得不能自已，连夜给大姐写了一封信，把《特殊连队》一书寄给她审阅。邓大姐收到我的信，便请秘书同志打电话问候我，接着又在主持全国政协会议期间，委托童小鹏同志来看望我，并派在她身边工作的同志送来了新近出版的周恩来同志的著作。

这次见面，邓大姐刚刚开完政协会。我激动地告诉邓大姐：“谢谢您的关怀，以前，我经常见到您。”“噢？”邓大姐感到诧异。我解释说：“我是全国第三、四、五届政协委员，开会时您在台上，我在台下，我抬头望大姐，看到大姐身体那样健康，心里高兴，但我不好意思上台打搅您。”邓大姐略带责备地说：“你早应该找我呀！”

她听我一口一个“大姐”，便风趣地说：“你怎么也叫起大姐来了？我这个大姐也不知怎么当上的。延安时大家叫我‘小超’，解放后才叫我大姐。老同志这么叫，小孩子也叫我大姐。”她一边说，一边用手比画，开心地笑着，这使我不由想起当年她在长征路上那乐观爽朗的模样。

邓大姐端详了我好一会儿，又说：“我们都老了，我大你六岁，今年八十二岁了。我记得长征时你又高又胖，脸圆圆的，魁梧得很，现在你也变了。”

久别重逢，我们很自然地说到长征时的人和事。回首当年，邓大姐不无感慨地说：“是啊，长征过来不容易呀！我们都是幸存者。你这个连长也不好当，担子很重啊！你吃了苦，挨了不少责备。房子没有，提意见；房子有了，住得挤，还提意见；没有饭吃，也提意见。现在想起来，在那样的困难条件下，你能做到那样就不错了。在休养连待过的老同志，不会忘记你的！”“邓大姐，你对我过奖了。其实，我这个当时做具体工作的年轻连长，缺乏经验，工作做得不理想。主要靠董老、邓大姐等老同志时时给我具体指导帮助。周恩来同志也关怀着我们，经常帮助我们解决困难。”我真诚地对邓大姐说。邓大姐说：“应该的，他负责这方面的工作嘛。”我说：“记得当年周恩来同志向我交代任务时，曾说，‘你这个连长担子不轻，连里的老同志是党的宝贵财富，损失一个，我要砍你的脑袋’。”邓大姐听了笑着说：“这样处罚太重了，太重了！当时情况很危险，谁能保证一个不牺牲呢？”

谈到《特殊连队》这本书，邓大姐说：“这本书我听他们讲了一下，写得很好，很真实。回忆长征的书写了不少，我也看了一些回忆录，没有这本书写得好。这本书写得实事求是，写出了当时人们的风貌。”我汇报说：“这本书许多老同志想看，买不到，看了的都说写得具体生动。过去写长征多是写战略战术，行军打仗或路线斗争，这本书主要写生活，显得新鲜。书中写大姐较少，作者没有机会采访您。”邓大姐谦逊地说：“这样正好。长征时我患肺病，坐着担架，是一个休养员，这样写符合历史事实，实事求是。要还历史的本来面目。要把我突出写到里边去，人家一看就不像一个休养员了，是不是呀！”邓大姐的话把我逗笑了，这使我悟到她讲话的深长意味：写回忆录，写党史都应该遵守实事求是的原则，才有说服力和生命力。

邓大姐还问起《特殊连队》作者郭晨的情况。她听了我介绍之后说：“哎，他调查了那么多人，很辛苦。长征不容易，写长征也不容易！‘特殊连队’值得写。”

邓大姐接着说：“我们是从长征走过来的，现在回想起来不可思议，真困难啊！当时我才三十二岁，身体不好，还能坚持。《特殊连队》写的这些事，对今天的青年人来说，是不可想象的。”

邓大姐兴致勃勃地回忆起长征途中的一些事。她的记忆还是那么清晰，思路还是那么敏捷。许多事我一提起，她就能清楚地回忆起来，真使我又惊奇又敬佩。

我提到长征途中还有五名女红军生了孩子，邓大姐听着，不时作些补充。我叫苦说：“哎呀，现在几个大姐见了我就问那几个孩子在哪个地方生的，她们要去找，可一个也没找到。”邓大姐笑了：“那怎么找呀？我记得贺子珍、陈慧清同志生的都是女孩，我给她们取名‘双凤’，为的是以后好找。那么长时间是不好找了。”

时间不知不觉过去了一个多小时。我起身告辞，邓大姐披上风衣，送我到院子里，说：“你要保重身体，欢迎你再来！”我走出院门，她还在我身后亲切地叮嘱着。

（本文选自《忆邓大姐》）

我亲历长征的故事

文 / 李国策

李国策

穷孩子参加红军走上长征路

我是1917年出生在四川苍溪一个普通农民家庭的穷孩子。1933年8月，红四方面军在川陕苏区大力扩红，我受到革命思想的熏陶，当时虽是少年，父母却也支持，终于如愿以偿参加了红军，先在当地的独立营，后编到第三十军八十九师二六七团。

红四方面军是在1931年实行战略转移的，由鄂豫皖革命根据地到了四川。根据党中央的指示，为了配合红一方面军的长征行动，策应、迎接中央红军，红四方面军于1935年3月28日挥师西进，强渡嘉陵江，开始了长征。1935年6月，红四方面军与红一方面军胜利会师，两军一起北上，并与红一方面军混编为左右两路军过雪山草地。不久，由于张国焘的错误方针，红一方面军单独北上，张国焘令红四方面军部队返回南下，使红四方面军第二次过雪山草地，后来在成都以西到达四川。

1936年春天，张国焘率领部队返回北上，然后西进，并与红二方面军在甘孜胜利会师。此后二、四方面军一起北上，我们又第三次过雪山草地。1936年10月10日，红军三大主力在甘肃会宁胜利会师，红军长征胜利结束。

长征沿途环境十分险恶，除了敌人日日夜夜的围追堵截，进行大大小小的战斗外，还要战胜深山峡谷、雪山草地、江河湍流。红军得不到一点休息，大家疲劳到了极点，往往走着走着就睡着了。但一旦出现敌人，又精神百倍地杀向敌人。我们大部分战士都是从南方北上，根本没有御寒的棉衣。翻雪山，过草地，一时风雨，一时暴雪，冷冻就是第一杀手。我亲眼看见过部队在夜间派出去一个班担任警戒任务，第二天全班战士都被冻死的惨状。我们过草地，第一次、第二次只走了草地的一个角，都是十天走完。但第三次过草地时，走的是草地的中间，走了一个月。茫茫草地，荒无人烟，哪里有什么可吃的东西。这么多部队，走不了多久就断粮断炊了。只好煮皮鞋、皮带、枪背带，挖野菜充饥。最后这些都吃光了，冻饿之下，体弱的、生病的战士牺牲越来越多。草地的红泥水把战士的双脚泡得发亮发肿。我们只有凭着坚强的革命意志，求生的信念，顽强地走，最终走出了草地。

而大雪山是一座连着一座。过草地前后，都要过雪山。大雪山有几千米高，山下是峡谷森林，山上是终年厚厚的积雪。有的地方厚达几十米。我们站在雪山顶上远望，茫茫雪海望不到尽头。雪崩时，发出雷鸣般的响声。多少天都看不到一块没有雪的土地。红军战士由于白雪的反光刺激，两眼红肿，眼球突出；因为长期缺粮，战士们面黄肌瘦，衣服也破破烂烂。但我们仍旧昂首挺胸，勇往直前。

红军长征胜利结束时，全部红军不足三万人，许许多多英勇的红军战士倒在了长征途中，胜利来之不易。

三次过雪山草地，二十次遇险

在未过草地之前，我所在的红四方面军第三十军八十九师二六七团，在毛儿盖与松潘县之间的拉子梁担任防御任务。敌机天天轰炸扫射。敌机一来，我与其他两名战士就躺在用松树枝搭的棚子下边。一次，敌机的炸弹一声巨响，我虽安然无恙，身边的两名小同志却都牺牲了。看着朝夕相处的战友就这样离去，我恨不得把敌机一把抓下来，撕个粉碎。

过了两天，敌机又一次来轰炸，我急速蹲下来。炸弹就落在我前面三米远的地方，只觉得地面一震，我心想这下“报销了、光荣了”。抬头一看，炸弹像个铁人一样，竖在地上，没有炸响。炸弹把松树擦掉一大块树皮，松枝落了一地。我想也许是因为地上积的松叶很厚，地面松软，所以才没有引爆吧。

在第一次过草地时，由于一脚没有踩上有草丛的泥疙瘩，我掉进了泥潭，人往下沉。我大声叫喊，一位剧团姓朱的战友，把笛子伸过来救我，我抓紧笛子，用力往上爬，终于爬了上来。

过丹巴大铁索桥时情况很危险。这种铁索桥是在大山峡谷中，由少数民族在河两岸悬崖绝壁上，用粗大的铁链固定在巨石或铁桩上，平铺数条大铁链，再在上面搭上木板做成的。过桥时颤动摇晃，桥下波涛汹涌，过桥的人头昏目眩。我们红军多次过这种桥。丹巴河铁索桥特别大。我们第一次南下，第二次北上，两次过这座桥。当时桥已被敌人破坏了，铁链稀少，木板缺乏，扶手铁链也没有了。桥又长，弹力更大，我们部队要过它，战士之间的距离要拉开几米远一个人，轻走，慢走，减少震动，防止弹跳太大。即使如此，还是不时发生战士掉下河中的事。我走到桥中间，心情紧张，头昏目眩，迅速低下来，紧

抓铁链，等弹跳小一些了，平稳一些了，又站起来慢慢走，才走了过去。

红四方面军在四川遭到军阀疯狂进攻时，我所在的二六七团在百丈关一带防御。敌人天天发起攻击，敌机不断前来轰炸。有一天战斗正酣，敌人一发炮弹打过来，就落在了碉堡旁边，我和另外三名战士正在碉堡前的工事里。炮弹响了。只听一声巨响，我就什么都不知道了。等我清醒过来，就想爬起来继续战斗。但两名战友压在我的身上，我动弹不得，就慢慢把他们两人从身上推开，发现他们已经牺牲了，而我也觉得腿部剧烈疼痛，坐不起来。这时才发现大腿在流血，疼痛更加剧烈。敌人又冲了上来，离我只有几十米远了。这时一名通信兵跑来，立即背着我往后方跑。下山不远处，到了师医院。医生检查后说我是两股骨贯通重伤，送到总部医院为我手术。由于伤残，又有点文化，上级命令我留在总部附属医院任院部书记。

在二次北上时，有一天在山谷中行军走错了路线，部队只有露营在山谷中，等天亮后再找大部队。到了下半夜，敌人开始袭击我们，枪林弹雨，激战中我觉得有个东西打了我的背部。战斗结束后，我卸下子弹袋检查，才发现有一个弹夹被弹丸打扁了两粒子弹，这个子弹袋竟救了我一命，否则子弹早打穿我的后背了。

另一次在通过被封锁的危险地段时，对岸敌人在射击，山上还有“滚石阵”，我们必须拉开距离，一阵猛跑才免得被石头砸中。但就在猛跑中，我枪上的弹夹掉了。我只有一个弹夹，没了弹夹我的小冲锋枪就没有用了。于是我决心返回去取弹夹。敌人在河对岸开枪，我跑回去，一眼就看见掉在路边的弹夹，赶快拾起来又猛跑。就在这时敌人的枪响了，我头上的军帽飞了，我只是低头猛跑，总算又躲过一劫。

在第三次过草地时，由于前面过草地的部队把能吃的都吃光了，所以更为艰苦，走到后来一点粮食都没有了，只好煮皮带吃。团长把他的军马打死，给每个战士分一小块肉，我舍不得吃，揣到怀里。当时的环境，有一块肉、几口粮也许就生存下来了，而没有它也许就无法走出草地了……而我就是这样，三次过雪山草地，二十次遇险，九死一生而幸存下来的。

难忘英勇的红军女战士

红四方面军曾有五千多名女战士，她们大多是四川参加红军的未婚青年，天真活泼，吃苦耐劳，英勇顽强。这些女红军分别在总部各机关、医院、后勤系统。她们在长征中，身上负荷很大，应该说牺牲大，贡献也大。

女卫生员、女护士在行军中每人都背一个木制大药箱。她们自己的行李和干粮就捆在药箱子上，有几十斤重。爬雪山过草地，有的女战士为了保护药箱，就跌落雪崖，不见身影了。女担架队员每四人一副担架，两人一组在担架前后抬着伤病员行军。为了保护伤病员自己牺牲的也有不少。

女炊事员行军中背一口大铁锅，有几十斤重，行李和干粮都放在锅里，用木架捆绑好铁锅背着走。过去那种铁锅又厚又重。背着很吃力，还要行军，我们休息了，她们还要架锅烧水煮饭，忙个不停，最后吃饭，然后收拾炊具才能休息。但就是这样，她们第二天还要提前早起做饭，保证部队第二天的行军打

红军走过的草地

仗。我亲眼看到有的女炊事员背着大铁锅爬雪山，实在累极了，在山顶上坐下来休息，不一会儿就被冻死了。死了仍旧坐在那里背着铁锅一动不动，双眼圆睁。真是悲壮啊。

女运输队员，每人扛一袋军粮行军，一袋粮有四五十斤，照样爬雪山过草地。一到宿营地，又要四处筹粮，有时走出去很远，要两三天才能背粮返回。她们纪律严明，高度自觉，只吃自己的那份干粮，宁愿自己饿肚子，也决不动用军粮。

红四方面军还有一个妇女独立团，有一千余人。她们英勇杀敌，后来在西路军西征途中失败，付出了更多的牺牲。这些女战士不畏艰险，从不掉泪。她们是革命英雄主义者与乐观主义者，每次休息时，她们齐声高唱革命歌曲，激发部队斗志。我们男战士看到这些，就更勇往直前，决不掉队。这些女战士是红军永远的骄傲与光荣。纵观古今中外军史、战史，像这样一批女战士都是罕见的。她们是世界上最崇高、最伟大的女性。

长征胜利过去这么多年，像我一样的幸存者也越来越老，越来越少了。怀念那些倒在长征路上的战友，就是怀念那种压倒一切艰难困苦、一往无前的红军战斗精神；就是怀念红军官兵同甘共苦的光荣传统；更是怀念红军战士革命信念坚定，一心为革命为人民，丝毫不贪恋安逸享乐的高尚情操！

（本文选自山西新闻网）

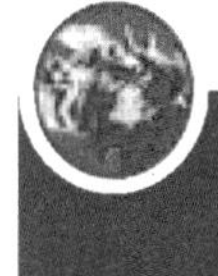

赶制十万顶军帽

文 / 尤云起

1945年春，我由苏中公学毕业后，分配到苏浙军区供给部工作。当时正值第三次反顽斗争，形势十分紧张。供给部副部长黄志远带领我和四名战友，负责筹办军粮。由江南北撤到苏北，与四师供给部合并成立华中军区供给部。解放战争期间部队建制几经变化，由华中军区到华东军区，再到华东野战军，1946年我在华野后勤部军需处军实科任科员，负责服装、鞋帽、日常生活用品的筹划、转运、设站库、发放等工作。

淮海战役期间，我们在符离集东北的一个小村庄设立了供应站，工作非常紧张，日夜不停，直到淮海战役胜利结束才缓了一口气。这时，突然接到通知，要我带两名同志到徐州制十万顶军帽。当夜我和汪策等人赶到符离集北的一个小车站，爬上了运送支前民工的火车，第二天清晨赶到徐州。在大同街与后勤部先遣组联系上了，放下背包，立即开展工作。首先是买布，当时徐州城里的布店已经很长时间没有生意了，见到我们要买很多布，纷纷主动前来，买布的事很快就办成了。接着送到染坊染色。与此同时，在缝纫行业公会的安排下，到缝纫店签订合同，计算用料和价格，规定完成日期。一时间，徐州市内大大小小的缝纫店几乎都动员起来做军帽，经过半个月时间，十万顶解放军军帽的任务及时完成了。

“兵马未动，粮草先行。”长期以来，我们在后勤部门工作的同志，紧急筹办军需物资，冒着炮火运送，这是分内的事。为了前方的胜利，同志们夜以继日地工作，再苦再累也要坚决保证完成任务。当时，我们并不知道赶制军帽这一任务是粟司令下达的，也不知道赶制军帽是做什么用的，直到把军帽送去才恍然大悟：原来这么十万火急地赶制军帽是俘虏政策的需要。淮海战役胜利结束后，国民党军队的散军游勇流散于徐州、蚌埠、宿县沿线及周围各地，老百姓非常恨国民党，现在解放军把他们打败了，到处逃到处躲，老百姓是看到穿国民党军服的就打，往死里打，被俘的人员和已编入我部队的解放战士，因一时来不及换我们的军服，也有被老百姓打伤的。后方一时又供应不上那么多解放军军服。粟司令在连续几昼夜指挥作战十分紧张的情况下想出了一个妙法：将军帽作为识别标徽，老百姓见到戴上了解放军军帽的人就不打了。一个士兵戴上解放军军帽，不仅从外形上感觉到他们是解放军的一员了，经过诉苦教育和思想政治工作，他们提高了阶级觉悟，换了思想，真正认识到作为一名人民解放军战士是多么光荣，多么受到人民群众的欢迎，在后来的战役中许多解放战士还立了功。从这里使我深刻理解了换军帽的重要意义，这是一项重要的政治工作，其威力是如此强大！

（本文由北京新四军研究会供稿）

血肉之躯抗日军

——文昌南阳人民铜墙铁壁抗战史

文 / 胡续发　许环峰

以血肉之躯抗击日军，绝大多数青壮年参加抗日，一半以上的群众被残忍杀害。

毛泽东曾说："真正的铜墙铁壁是什么？是群众，是千百万真心实意地拥护革命的群众。这是真正的铜墙铁壁，什么力量也打不破的，完全打不破的。"走在文昌南阳乡的大地上，我们对"铜墙铁壁"有了深刻而真切的理解。这个根据地里的人们可以自己没饭吃、没水喝，但一定要给抗日战士送吃的、喝的，全力支持打日军。全面抗战期间，几乎所有的青壮年都参加了抗日武装，有一半以上的群众被敌人残忍杀害，七十九户人家被杀绝。这片被鲜血染红的土地，是琼崖著名的"抗日模范乡"。

拼死抗击来犯日军

1939 年 2 月 10 日，日军侵琼。仅仅几天后，有着光荣革命传统的老区——当时的文昌南阳乡就发生了一件大事。

英勇的南阳人积极送儿女参加抗击日军的游击队。

那时，全琼一度陷入混乱。而文昌县的第一支抗日武装——有一百二十多人、九十多支枪的南阳乡抗日游击中队，在群众的极力支持下很快组建。中队长李良是进步的国民党员；指导员符致东是中共党员。队员全部自愿报名参加，枪支来自自愿捐献。游击队提出"人不离枪，枪不离乡"的口号，深得群众和各界爱国人士的支持和拥护。

日军占领文昌县县城后，一直蠢蠢欲动，觊觎革命活跃的南阳。

南阳保卫战第一枪在当年 4 月中旬打响。三辆满载日军的军车向南阳进犯。我南阳游击队决定伏击敌人，地点选择在文昌通往南阳五月铺岭的公路两旁。

曾是南阳乡抗日儿童团团员的陈丕芙记得很清楚，游击队在路边高坡上装上了秘密武器——三门自制的荔枝炮，静静地等待敌人的到来。

早在土地革命战争中，琼崖第一个中心革命根据地——乐会第四区的军民就发明了荔枝炮。大炮用木质坚硬的荔枝树做炮身，将中间掏空，填进火药、金属碎片等。发射时点燃导火索引爆，炮弹即喷射而出，威力颇大。战斗打响，怒吼的炮弹击毁了敌人第一辆汽车，阻止了敌人前进。游击队队员随即开枪，日军伤亡二十多人。敌人搞不清楚是遇上了什么样的厉害武器，赶紧收尸回城。此战大长南阳人民抗日热情，也令日军对南阳乡深感头痛。

一个多月后的5月底，日军再次进犯南阳。英勇善战的南阳游击队砍倒几棵大树，横在县城通往南阳的公路上，并在大树底下埋了几颗土制炸弹。日军被树堵住去路，就从车上跳下来搬树。树一移动，炸弹立刻爆炸，几个敌人当即被炸死。敌人胆战心惊，再次缩回县城据点。

日本军队侵占海口时途经得胜沙

坚壁清野　焦土抗战

装备落后的南阳游击队，在广大群众的协助下拼死抗敌三个多月，可是日军的飞机大炮，还是叩开了南阳大门。1939年七八月间，日军侵入南阳乡。

南阳乡党组织发动游击队和群众实行“坚壁清野”和“焦土抗战”方针，断绝敌人的生活给养来源。南阳乡的商家毫不犹豫地拆掉多年辛苦经营的商铺，搬来石头填满水井；农村群众连夜抢收庄稼，把牲畜和粮食藏进山里，并毁掉公路要道，从山上采来毒鱼藤和野槟榔籽，捣烂后一箩箩地倒进溪河。敌人喝了有毒的水后上吐下泻，碰了有毒的水后身上又奇痒难忍。

这时，南阳游击队又化整为零，分散成若干战斗小组，日夜骚扰袭击敌人，搞得日军疲惫不堪。

日军虽占领了南阳，可是没房住、没水喝，路常被断，电话打不通，还到处挨打被袭。没过多久，只好缩回文昌县城据点。

而在文昌的文教圩和潭牛圩，群众效仿南阳群众的做法，大搞坚壁清野，有力地袭扰了日军。一时间，日军被“南阳反抗模式”弄得灰头土脸，气急败坏。

琼崖纵队第三总队参谋长王山平在谈到南阳抗日群众时，激动地说：“南阳乡真不愧是‘抗日模范乡’，很多老屋主一看部队有大的行动，都悄悄地给战士们的竹筒里灌椰子水，往衣兜里塞鸡蛋、鸭蛋。”南阳乡几乎全部青年都参加了独立队，使抗日武装力量迅速得到补充和发展。

日军“扫荡”期间，不少南阳群众背井离乡逃难。留在家乡的乡亲们隐居山林，吃番薯、芋头、野菜、野果。有时，吃了上顿没下顿，朝不保夕。然而，他们宁愿在山里饿死、病死或被敌人打死，也决不屈膝投降。全乡没有一个人领取日军的“顺民证”。

誓死不屈　血染南阳

日军屡次进犯都碰到钉子，南阳人民保卫家乡的英勇行为令敌人气红了眼。他们视这块红色热土为眼中钉、肉中刺，誓要拔除。

南阳人民英雄纪念碑上，有一组触目惊心的数字：全乡四十八个自然村、六百九十七户、三千多人，有十八个村被日军夷为平地，七十九户被杀绝，超过一半的村民被敌人杀害、摧残致死。几乎所有的青壮年都参加了抗日武装。

时任文昌县第一区区委书记的符史回忆：“敌人在南阳‘扫荡’长达一百五十三天，他们夜以继日地进行灭绝人性的纵横‘扫荡’。革命同志和人民群众遭到血腥屠杀，尸首遍野，惨不忍睹。我怎么也不会忘记，一次，日军抓了下市村三十多名群众，把他们关进一间房子里活活烧死；下市村全村五十九人，四十三人遇害。罗黎山、母粉、罗本苑、娘子园、贤孝、良井等村，人、屋全没了。”

1942 年的一天，南阳乡几名妇女被日军追赶，跑到美丹溪时，前面又来了顽军保七团。妇女们不愿被敌人侮辱，集体投入美丹溪。她们坚贞不屈的故事，在家乡被编成民歌，传唱至今：

北风吹吹雨丝丝，南阳人民在溪边。

鬼子搜山眼看见，几位妇女跳溪死。

舍身抗日表忠贞，宁死不屈传万年。

1943 年 3 月中旬，琼崖抗日独立总队第二支队政委罗文洪曾带领部队经过南阳。他在《峥嵘岁月》一书中回忆说：“但见村街上昔日鳞次栉比的房屋，如今只剩下断壁颓垣，遍地瓦砾，横七竖八地躺着烧焦了的梁椽，村里空荡荡地看不到人影，只有几只饿得骨瘦如柴的村狗跑进跑出……”

“身可碎、头可断，宁愿投河死，不当亡国奴！”尽管敌人实行惨无人道的大屠杀，但革命者是杀不绝、吓不倒的，伟大的南阳人民掩埋好同乡的尸体，擦干眼泪，发出了铮铮誓言：“死算得了什么，不赶走鬼子决不罢休！”什么是真正的铜墙铁壁？南阳人民当之无愧。

（本文选自《海南日报》）

活着的抗日“烈士”

文/金　石

陈　明

十二岁参加平型关大战

1925年，陈明出生在天津，幼时丧父。陈明八岁时，母亲带着他和哥哥改嫁到河北省魏县一刘姓人家，因此改姓刘，名长纪。

十一岁时，因家境困难，继父到了河北省磁县县城的一个矾场工作，陈明则在磁县的瓷窑场学彩绘手艺。因年幼，没有文化，他学得慢，常遭老板打骂。次年，抗日战争全面爆发，国民党部队南撤不久，八路军来到磁县号召群众参军抗日，保家卫国。

在父母的支持下，陈明和大自己两岁的哥哥报名参军。参军第二天，告别了父母，随部队西行进入太行山，在山西省辽县（今左权县）进行训练，陈明被编入八路军一二九师三八六旅新兵补充团司号班。因家贫，没有过生日的经历，陈明不清楚自己的出生日期，后来就以八一建军节作为自己的生日。

一个月后，北上参加平型关战役。他们团在外围，等到战斗胜利，日军败退之时，他们才参加追击。当时武器少，陈明和许多年少的战士一样，扛着红缨枪追日军。由于年龄小，跑得慢，陈明落在后面，看到漫山遍野都是被我军战士掀起的战尘，十二岁的他没有一点畏惧。

误被部队划入日军俘虏中

平型关战役中，新兵团有二三十名战士受伤，陈明被调到卫生队担任卫生员，给伤员包扎伤口、换药。

陈明一点医疗知识也没有，全靠老卫生员现场教。当时的卫生员基本上只管外伤处理。卫生员背的十字包，里面只有红药水、碘酒两种药，有了伤员，用碘酒消毒，然后抹上红药水，最后用棉花、纱布包上就行了。平时换药，先用盐水洗伤口，再涂上红药水。

那时尽管生活艰苦、劳累，但战士们很少得其他病，所以陈明没有给战士医治其他病的记忆。

陈明属于前线卫生员，战士打到哪里，就跟到哪里，有了伤员，立即救治。

平型关战役之后，他们就在太行山与日军打游击战。

一次，他们攻打河北永年县城，久攻未下，结果日军反攻，我军被迫撤退，混乱中，陈明与大部队走散。离开了部队，就像失去了家，只有十三岁的陈明倍感孤独，非常焦急，一边打听，一边追赶。当时百姓都爱戴八路军，不仅告诉他八路军的去向，还给他提供食宿。陈明找了三天，才在几十公里外找到了部队。当时，有战士说陈明被日军俘虏了，部队领导也以为他被俘虏了。见陈明突然归来，大家都分外吃惊。

路过家门而不知

1938 年以后，部队转战到河北馆陶县一带。一次，日军一个有二三十辆汽车的军官团被我军围在一个叫香城固的地方。陈明所在团前往增援，他们白天赶到附近一个村庄里隐蔽起来，到了后半夜发起总攻。进攻前陈明心里非常紧张，不知道会出现什么情况，当总攻的号声一响，所有的畏惧骤然烟消云散，他跟着其他战士，冒着枪林弹雨向日军阵地冲去。当时机枪、冲锋枪和手榴弹的爆炸声响成一片，溅出的火光照亮夜空。陈明四处寻找我军伤员，迅速抢救。黎明前，战斗就结束了。

香城固战役结束第二天，天刚亮，日军飞机就来报复，但因日机飞得太高，炸弹大多投入湖里。日军不甘心，派大量人马追赶一二九师。我军为了保存实力，迂回躲避。日军不仅有大部队追赶，而且派飞机空袭，我军只能白天休息，晚上行军。一旦进入村庄，除了站岗放哨人员，其他人立即进入房间休息，村里鸦雀无声，日军飞机无法发现。

因为敌军追得急，我军每天行军四五十公里。行军路长，生活艰苦，多数是喝水啃干馍，没有一点油水，甚至没有盐。这样艰苦的生活，对于一个十三岁的少年来说是难以承受的。陈明累得有时站着站着，就睡着了。每天天亮后见到村庄，陈明想着要休息了，就非常高兴。可有时部队为了多赶路，会继续行军。对此，疲惫的陈明十分痛苦，甚至流下了眼泪。

一天晚上，从一个村边过，陈明感觉很熟悉，但因天黑看不清，没有认出是何处。中华人民共和国成立后回到家，与家人谈起来，才知道这就是继父的老家魏县侯高村。

与日军兜圈跑了一个月，部队最后到了河南省黄县，我八路军其他师来接应，才把死追他们的日军打退。

两次逃脱日军偷袭

摆脱了日军，新兵团又到进可攻、

八路军一二九师陈赓旅在河北威县香城固战役中缴获的日军武器

退可守的太行山山边扎营，专门破坏日军的铁路。每天晚上，他们或一个连，或一个班，赶几十里路，把铁轨拆毁，甚至将铁轨抬回营部。陈明作为卫生员经常跟着去，准备随时救治受伤的战士。日军对他们非常头痛，想了许多办法，才发现我军隐藏的营地。日军前来偷袭，我军获得情报后连夜向山区撤离。部队离开营地不远，日军就追来了，在后面打枪，一路紧追不放。

陈明随部队爬了整整一夜山，累得气喘吁吁，两腿沉得像拖着石头，实在想躺下睡一觉，但后面的日军枪声使他不敢停，拽着马的尾巴才爬上了山。

他们来到太行山里，在山西省沁源县的一片平地扎下营。这时，陈明调到了旅部卫生队。

因为八路军经常出山偷袭县城的日军，抓捕汉奸，日军对其恨之入骨。1941 年，日军组织了大量军力进山“扫荡”。我军得到情报后，连夜上山。第二天日军扑了个空，派飞机轰炸山头，轰炸了整整一天。

被日军飞机炸伤

日军偷袭我军沁源县营地后，陈明所在旅转战到其他地方。离开时，约二十名伤员被藏到山外敌我拉锯地带的老百姓家，让陈明留守负责治疗。尽管常遇到日军，但日军没有想到陈明这个只有十几岁的少年会是八路军。两三个月后，伤病员痊愈，陈明才返回部队，继续和日军打游击战。

一天，部队正在一个山沟里行军，被日军飞机发现，日机投下炸弹。陈明躲到一个石头后，但露在外面的左腿被炸弹弹片击中，伤了银圆般大小的一片。陈明没有感到疼，看到流血，才知道受伤了。他没有给任何人说，取出十字包里的药品，自己包扎好，继续随部队前进。后来，他的腿上一直有伤痕。

第一次持枪参加战斗

1942 年，我军得到情报，日军的一个军官团要去视察“扫荡”我军根据地的情况。我军半夜埋伏在汾阳一条公路两边的山上。这一次，部队首次给陈明发了一杆步枪。陈明十分兴奋，心想一定要亲手消灭一个日本兵。

次日天亮后，等到 9 时，还不见日军汽车出现。战士们非常焦急，担心日军得到我军要袭击的消息，所以不来了。陈明更是焦急，担心自己的枪没有了用武之地。正在大家急不可耐之时，一架日本飞机从头顶飞过去，不久便听到汽车的声音。化装成老农观望敌情的团长

八路军开赴平型关

八路军在平型关战役中的指挥所

平型关战役凯旋的八路军

杨怀年背着粪筐跑来，兴奋地说：“日本鬼子来了，大家做好战斗准备。”

当日军汽车进入包围圈时，我军将手榴弹向日军车队投去，只用了三十分钟，就把敌人打垮，陈明手中的步枪根本就没用上。冲锋号响起时，憋了很久的陈明，端着步枪冲下公路，用刺刀捅死了一个日本兵，实现了他的心愿。

战斗中，一个日本兵逃回县城，我军担心敌人很快会来报复，迅速打扫完战场，隐蔽到村里。

果然不出所料，日军飞机不久就来了，因没有找到目标，胡乱轰炸了一番就飞走了。

“烈士”回来了

1943 年，因国民党蚕食我陕北解放区，陈明随部队过了黄河，守卫陕北。解放战争中，陈明随部队参加了宜川、瓦子街战役，后解放西安、兰州，一直到新疆。

参加平型关大战后，陈明再没有见过哥哥，他十分思念家人，1937 年在太行山东侧河北省涉县打游击时，他给家人写过两封信。一年后，其中一封退了回来，但没有收到家人的回信。在那个人命薄如纸的岁月，陈明不敢想象家人到了哪里，从此后，陈明再没有给家里写过信。1953 年，国家局势稳定了，陈明回河北省魏县寻找亲人。当到了曾经住过的侯高村时，夜幕已降临，陈明怀着忐忑不安的心走进继父家没有大门的院落，他惊喜地看到一位高个中年妇女正在院子里收拾东西，他知道，那是分别了十七年的母亲。可母亲没有认出他来。当年他参加八路军时，只有半人高，现在成了身高一米七四的大人。母亲问他找谁，他说：“我是长纪。”母亲哎了一声，吃惊地问：“你咋回来了？”说完，母亲泪流满面。

（本文选自《西安晚报》）

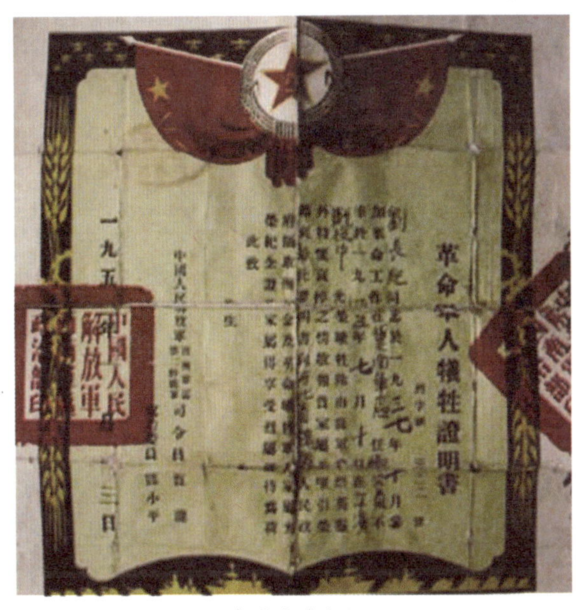

陈明的烈士证

我在新四军做通信工作

文/廖　辉

1935年9月16日，红二十五军驰骋陇东南，飞越六盘山，最早到达陕北，在永坪镇同陕北红军胜利会师。9月18日，在中共陕甘晋省委主持下，两支红军部队合编为第十五军团，徐海东为军团长，程子华为政委，刘志丹为副军团长兼参谋长。为了粉碎敌人对陕北的第三次“围剿”，迎接党中央、毛主席，10月1日，取得了著名的劳山战役的胜利。这是红十五军团成立后打的第一个大胜仗，歼灭敌一一〇师两个团和师部，师长何立中也丧命，缴获一部完整的电台，还有报务员和机务员。电台就送到保卫局保管。我当时在保卫局的电信班工作，班内有五六个人。

1935年10月26日，中央红军到达陕北吴起镇后，红十五军团和红一方面军会师，两军的保卫局合编为一个保卫局，人员也就多了。就在这时，为了培养报务技术人员，军委三局局长王诤同志派人来挑选无线电报务学员，条件是二十岁以下的优秀青年，我当时十八岁，正好被挑选上。对此，我不仅很高兴，还对无线电通信有一种好奇心，不知道为什么这个机器能同几千里外的人讲话。王诤局长找我谈话，要我先跟那个被解放的尹机务员学习机务，并明确交代两项任务：一是要注意保护好机器；二是要尽快把技术学到手。我们把在劳山战役中缴获的那部电台整修后就用上了。使用这部电台的队伍一共有三个人，队长是赵玉珍同志。赵玉珍曾经在苏联学习过无线电报务。据赵玉珍说，在他回国之前，苏联曾派人送过一部电台，用骆驼运送，可是在路上被国民党部队检查扣留了。

我们这部电台就开设在瓦窑堡靠西北的山顶上，主要任务是同共产国际的电台联络，对外称十一分队。我们白天就把天线架设好，夜晚把机器抬到山顶上，在深夜十一二点就开始收听共产国际电台。开设后的第一天晚上，我们仔细认真地进行收听，一会儿就收听到对方电台的呼叫，我们不由得喜上眉梢，可一直回答到深夜两点多，还没有通。第二天仍然没通，我们的心情十分焦急。第三天，大家想方设法对天线进行了改动，对准西北的苏联方向，并增加了天

线的高度，反复将电台的波长调准，直到次日凌晨一二时，终于使坐落在亚洲大地上的陕北红色电波，划破深沉的夜幕，沟通欧洲的共产国际电台。大家欣喜若狂，沉浸在一片欢乐的气氛之中。联络沟通后，对方就发来一份电报，电文由五个码子为一组，我们抄完电报后就立即送到中央机要局进行翻译。那时是1935年12月至1936年1月之间。

第二天上午，小超同志（邓颖超同志，负责机要局的工作）要赵玉珍和我到她住所去。我们来到邓颖超的住所，一进门就看到周恩来副主席坐在炕上，正聚精会神地阅示文件，他热情地招呼我们坐下。周和邓住的窑洞比较长，屋里东西很简朴，桌上、床边的书籍和文件收拾得很整洁。邓颖超详细地询问了我们电台联络的情况，对我们第一次顺利地同共产国际电台沟通感到非常的高兴，并交代我们“要十分注意保守机密，对外不要讲是联络共产国际电台，如有人问，就说是联络自己部队的电台”。接着，邓颖超同志还问我们电台工作中有什么具体困难和要求。赵玉珍同志就提出想把电台再架设到一个比较高的地形上去，可以提高联络效率。邓颖超同志非常赞同和支持这个想法，要我们仔细察看周围地形，选准地点后，如需要哪个窑洞，就对她说一声，她再想办法让出那个窑洞来，把电台搬进去。邓颖超同志与我们谈完话后，已快到中午，她盛情挽留我们一起吃午饭，在合作社（当时的食堂）买了一碗羊肉，一碗猪肉烧萝卜，还买了十几个馒头招待我们。在艰苦的战争年代，这已是相当丰盛的午餐了。这次谈话虽然时间不长，可看到邓颖超同志深入实际、联系群众、认真细致的工作作风和如此热情关心通信事业，我们犹如有一股暖流涌遍全身，感到浑身是力量，对进一步搞好无线电通信工作更加充满了信心。

党中央机关由瓦窑堡搬到保安县后，我们电台就架设在保安城郊西北靠一个山边的石窑洞里，同共产国际电台联络很顺利。党中央机关由保安县进驻延安后，我们的电台就架设在宝塔山下的窑洞里，收发报机架在炕上工作，用汽车引擎带动马达发电，后来，马达坏了，无法修好，就改用充电机，用六至八个串联为一组，同时开充电机发报，一直坚持同共产国际电台联络。以后，我被调到通校学报务，离开了十一分队。

抗日烽火燃遍大江南北，红色电波频传捷报

1937年底，军委三局局长王诤找我说话，要派遣骨干到抗日第一线的新四军去工作，于是，我和吴茂达、陈贤臣（皖南事变中牺牲）、张克南、温凤山（在新四军七师期间逃跑）离开延安，乘汽车先到西安八路军办事处，又改乘火车到武汉八路军办事处。

到达武汉办事处后，周恩来副主席亲切地接见我们，并告诫我们：“虽然是国共合作了，但要时刻保持高度警惕，特别是你们这些做电台工作的同志，更要注意保密，处处以党的利益为重。”周副主席还十分了解我们这些年轻人的心理，到了大城市，总想上街去看看热闹。因此，他还十分关怀地说：“武汉街上很混乱，外出要两三个人一路同行。”看到周副主席如此平易近人热情关怀我军通信工作人员，使我们增添了无穷的力量和战胜敌人的勇气。

在武汉停留期间，我们还遇上了日

军的飞机轰炸，由于我们及时转移到英国租界，没有造成任何伤亡。不久，新四军军部派了一名副官到武汉办事处来接我们，我们从汉口经九江，约于1938年春节前到了南昌新四军军部。当时，军部有三部电台，其中一台联络延安、武汉办事处等。电台队队长是袁德钧同志，他是中央苏区培养的报务员，经历了三年游击战争，技术很好，可惜在皖南事变中壮烈牺牲了。我和陈贤臣、张克南到了一台工作。二台是联络友军的，实际上是国民党第三战区派来的电台，电台负责人是吴志恒，还有两三个报务员，温凤山就分到这个台。二台原来的报务员都是雇来的，有的月薪三四十块，有的五六十块。温凤山这个人后来逃跑投伪军，并不奇怪，他一到二台就和三战区派来的电台人员打得火热，什么话都和他们讲，还经常邀吴志恒上馆子请客吃饭，思想一下子就和他们合拍了。听说还有一个三台，但我没有见到，因电台是分散开设的，就是二台，我也没有去过。当时，我们在工作、生活方面都很谨慎，与外面雇来的报务人员讲话很注意。吴志恒喜欢打听消息，我们就很警惕他的言行。我们一台又叫战略台，使用国民党军政部配发的十五瓦电台，同延安党中央联络时，听延安的信号较大，延安听我们的信号较小。延安电台工作态度很好，工作很顺畅。当时机上可以用英文公报会话，无电报时守着，保持随叫随应。我们对电台都很爱护，怕出故障。不值班时，就在机下用蜂鸣器练习发报，学习机务。在军部电台工作的还有机务员徐小弟。我到军部时，先期到达军部的廖昌林已带电台跟陈毅同志出发了，廖昌林和我们五人应算是从延安派到新四军的第一批通信人员。

电台

先遣支队到苏南，电波报捷“处女战”

1938年4月4日，我们电台随军部由南昌乘汽车进驻徽州岩寺，新四军一、二、三支队在岩寺集中整编、整训。部队集中时，有些战士手中还拿着梭镖、大刀等武器，整训后，基本换上了步枪。在岩寺时，各支队都配上了电台，一般是五瓦的，使用手摇马达，主力团也配上了2.5瓦的电台，使用干电池供电。这些电台，多数是自己装配的。

4月28日，粟裕同志率新四军先遣支队向苏南挺进，进行战略侦察，开辟敌后根据地。先遣支队是从一、二、三支队抽调战斗力强的三个连队和一个警卫连组成，共五六百人。军部派我跟电台队长江如枝同志带电台随先遣支队行动，使用五瓦电台，用手摇马达供电，先期只和军部建立联络，后来和一支队、二支队及一、二团都建立过联络关系。电台有一个摇机班、一名通信员和三副担子。

支队进入苏南后，不断通过电台将军事行动报告军部。初到苏南时，老百姓不了解我们是什么部队，晚上喊门，一般都叫不开，误认为我们是土匪。在这种情况下，粟司令就要我们严格遵守群众纪律，坚持在外边露宿。部队休息后，我们就开设电台，点上一支蜡烛工作。行动是最好的宣传，老百姓看到我们纪律严明，确实是人民的军队，便很快和我们建立了密切的关系，以后晚上喊门，只要说我们是新四军，一叫就开。

先遣支队在苏南基本上摸清了敌、伪、顽的情况后，便进行了紧张的战略部署，第一支队于6月1日由南陵向敌后镇江、句容、丹阳、金坛地区挺进。中旬，到达溧阳竹箦桥。第二支队也进入江宁、当涂、溧水、高淳等江南敌后地区。

手摇电台

6月17日，先遣支队在镇江西南韦岗取得了首战胜利，击毁日军汽车四辆，毙伤日军二十余人。我们电台很快将首战韦岗捷报向军部及一、二支队司令部报告，鼓舞了斗志，使这一战果成为尔后江南一连串胜利的良好开端。粟裕、钟期光同志对电台很关心，每到一处都将最好的地方让给电台，并经常解决许多实际困难，注意做好电台的警卫工作。先遣支队的译电员是何风山同志，我们同他商量好，只要首长开始起草电报，就告诉我们，以便提前和对方电台沟通联络。当时的电台质量很差，经常出毛病，如果不能做到心中有数，就没有把握完成任务。韦岗战斗后，先遣支队各单位即分别归建，江如枝同志带电台到二支队，二支队原来的电台到四团，我就奉命调回到云岭军部。

1938年秋，第三支队第六团（两个营，其第三营仍留在皖南）在叶飞同志的率领下由皖南进入苏南，归陈毅领导指挥。军司令部电台总队派我带电台随六团到苏南。

为贯彻执行向东发展的方针，1939年5月初，第一支队派叶飞同志率第六团向无锡、江阴、常熟、苏州、太仓地区挺进，开展敌后游击战争，创建新的根据地。六团越过宁沪铁路后，与无锡、江阴等地党领导的游击队合编，改称“江南人民抗日义勇军（江抗）”。当时，苏、常、太一带很混乱，土匪很多，还有一些从上海垮下来的国民党士兵，都成了土匪，少则几十人一股，多则上千人一股，自封为“司令”，“司令”多如牛毛。一般情况下我们都不打他们，向他们宣传“中国人不打中国人，枪口一

“江抗”战士合影

致对外，团结起来抗战”等口号。叶飞同志做统一战线工作是很有贡献的，苏、常、太一带从上海跑回来的大小资本家不少，见到我们部队都很佩服，说从来没有见到过这样纪律严明的部队。

我们这部电台，开始就我一个报务员，后来从军部电训队毕业学员中分配来了刘家富、王大鉴两位同志。联络对象是军部三台，一支队电台及二、四团电台。

老六团这支部队很能打，战斗力很强。5月底，吴焜同志率“江抗”二路廖政国部队途经江阴、无锡交界的黄土塘时，与下乡“扫荡”的日伪军遭遇，激战两个小时，毙伤日伪军近百人。6月初，在无锡严家桥一带歼灭偷袭我军的国民党“忠救”两个大队，缴获重机枪、轻机枪、步枪三百余挺（支）、电台一部。8月初，“江抗”主力廖政国支队两个连和两个机枪排，夜袭虹桥机场，在国内外都产生了很大影响。战斗中，我们电台主要跟着叶飞同志。

在严家桥那次歼灭“忠救”两个大队的前夕，我们事先知道了“忠救”要偷袭我们的情报，因当时和国民党搞统一战线，是打还是走，都得请示军部，万万火急电报送到了电台。可就在这个关键时刻，电台马达坏了，我拆开一看，是马达整流子崩掉了一半，无法修复。叶飞和吴焜同志都很着急，问我有什么办法。我当即告诉两位首长，可以用电池代替，并马上开出一个单子，买 B 电四块或手电筒电池六盒以及三十一号真空管。叶、吴首长即通过地方党组织关系，很快就在无锡都买到了。我组织摇机员，连夜焊接电池，组成四块 B 电，再把发报机线路改一下，换上三十一号真空管，长呼叫以后，就沟通了。我问

军部电台听我信号如何，军部电台回答信号不错，我很快将电报发出，并抄完了他们的回电。叶飞和吴焜同志都很满意，叶飞同志说：“电台在关键时刻有办法，很好！”

在江南水乡打游击，如何保护电台，确实是个大问题，因经常遭敌、伪、顽和土匪、道会门的袭扰，电台极不安全。我们就利用水网地形和村庄来保护电台，将电台开设在四面环水的圩子里，只要控制好进出圩子的道路，一些土匪和道会门是没有办法靠近我们的。

南北迂回，五渡长江天堑

为贯彻执行中央向北发展的方针，在九十月间，决定“江抗”主力撤至扬中地区整训待机，随后与丹阳游纵合编为新四军挺进纵队（挺纵），辖四个团，开赴扬州、泰州等地区，进行游击战争，发展和扩大革命根据地。

“江抗”和丹阳游纵在扬中会合后，电台也进行合并，电台多了，人也多了。部队经过整训，渡江到大桥、吴家桥、四方桥一带。1939 年 10 月，在我们渡江前，第二支队第四团一部与“挺纵”一部合编，成立苏皖支队，由陶勇同志率领，向扬州、仪征、天长、六合等地区发展。苏皖支队电台工作人员是向瑞桃和邱登龙。“挺纵”到苏北后，有一次，叶飞同志要到泰州去和李明扬、李长江谈统一战线的事，临走时，叶司令员问我们电台是否需要买什么东西，可以和他一起到泰州去采购。我和军需处处长徐洛夫、卫生队队长三人便跟随叶司令一起到了泰州，我买了干电池，修理工具，三十号、三十一号、十号真空管，还买了许多漆包线等电台急需的器材，满载而归。

部队到了苏北，在春节前后，谢吉奎同志来接替我的工作，我又渡江南下，回到了江南指挥部。这时指挥部电台中队队长是李景瑞，中队报务主任是廖昌林，黄瑞兴同志也在中队。

回到电台中队后，不久又分配我带电台到新六团去，报务员有徐翔。新六团团长是段焕竞同志，活动在句容、丹阳、茅山等地区。

在江南指挥部北渡增援郭村战斗前夕，我们新六团驻扎在句容杨庄、西塔山一带，当时的主要战斗任务一是反击敌人的“扫荡”，破坏句容—溧阳—天王寺段公路；二是掩护江南指挥部过江。一天晚上，粟裕和谭震林同志来到六团，看望部队，谭震林同志还带了周光华和小张两名报务员，准备到浙江去。当晚，粟裕、谭震林两位首长离开了新六团，谭震林同志带的两名报务员没有走成，就和我们电台在一起了。结果第二天一早，日军就对我们进行“扫荡”，先是分四路，后来又由四路分成九路对我们驻地进行“合围”。当时情况紧急，日军的信号弹都落到我们电台上了，团作战参谋柴荣生同志要我们赶快跟他一同撤走。电台运输班班长很机灵，抱住电台冲出后门翻过院墙就跑，挑夫担着两副担子跟在后边。当我们冲出村庄后，发现日军就在我们眼前了。团部机关和地方干部好几百人，边打边撤。好在当地都是丘陵地，要通过的道路都是田埂小路，我们走得很习惯，跑得也快，而日军穿着大皮鞋，走在田埂上东倒西歪，行动极为困难。我边突围边还击，先后击毙三个日本兵，驳壳枪中还留着五颗子弹，看情况再消灭几个敌人，也给自己留一颗，假如被日军抓住了，便同归于尽。

我们带着电台和两副担子，眼看难以突出重围，搞不好要机毁人亡，必须断然采取措施，保住一样是一样。当我们路过一片竹林的水塘边时，就将电台和两副担子分成两处放在一条上边覆盖着青草的深沟里，尔后带着部队分电台人员，绕道从日军的后边跑。从早晨跑到下午，我们才突出日军的包围。这次突围，我们损失不小，段团长负了伤，地方政府工作人员被抓走了一部分。我们电台在突围中，报务员徐翔同志和我们冲散了，他化装成老百姓才突围出来。准备到浙东去的周光华同志负伤，小张同志也牺牲了。还有一名机要员装成病人躺在床上，直哼哼，老乡便以传染病的说法巧妙地瞒过了敌人。

当晚在茅山一个庙子里找到了段团长，汇报了突围经过，报告了电台隐蔽情况，敌人不一定能发觉，但天线来不及撤收，丢失了。段团长当即派了侦察员保护我去找电台，并说:“这次突围很突然，来不及派部队保护你们电台，但你们电台做得很好！”天黑以后，我带着几个侦察员沿突围时的路，摸回到隐藏电台的水沟，果不出所料，电台和两副担子都完好无损。当晚就将电台架起来，使用单根天线，给江南指挥部发了电报，报告了敌人“扫荡”和我们突围的经过，并告诉陈毅司令员，粟裕和谭震林同志于前一天晚上就离开了新六团，请首长放心。由于这次突围组织得当，电台又保护住了，段团长将情况报告了江南指挥部，指挥部通令嘉奖了我们。

6月28日，苏北顽军向我郭村“挺纵”进攻，江南指挥部率主力（三个团）北渡驰援，于7月8日与“挺纵”和苏皖支队会合。我随新六团一起渡江到苏北。

江南指挥部北渡后，改称苏北指挥部，将苏北部队统一整编为第一（挺纵）、二（第二团、新六团）、三（苏皖支队）纵队。苏南部队重组新的江南指挥部，以罗忠毅任指挥、廖海涛任政委，以留下的第四团两个主力营及各县地方武装组编成了新三团、第四团及独一、二团，共约三千人，坚持战斗在茅山抗日根据地。苏北指挥部又派我到重新组建的江南指挥部任电台队队长，我又第四次过江到丹阳二十七圩。指挥部就一部电台，报务员有李炳祥，二支队司令部有一部电台。

因江南指挥部和二支队司令部实际在一道工作，于是，苏北指挥部很快给江南指挥部来电，要求派一个连送我们电台过江。这样，我在一年不到的时间内，就五过长江。

开办第一期电训班，迎来抗战胜利的曙光

皖南事变后，新四军重建新军部，部队整编为七个师。一师司令部参谋处三科科长李景瑞兼电台中队队长，副中队长廖昌林。先后开设三部电台和一部新闻台。一台队长由廖昌林兼任，二台队长是我，三台队长是谢吉奎。新闻台由陆延年负责。

部队扩编以后，通信人员很紧张，我向李景瑞同志建议开办电训班，并向粟裕同志作了汇报，他非常支持，要我们去找阿丕（陈丕显同志）帮助选调学员。李景瑞对办电训班决心很大，要我当教员，但发愁没有教材。我就告诉他，我从延安出发时带了一本教材，而且一直带在身上，就是在茅山突围时都舍不得丢掉。李景瑞同志很高兴，马上组织

翻印。这样，就办起了新四军第一师第一期无线电报务员训练班。学员是通过陈丕显同志从行政公署调来的，第一期有金炘、谢倩、张逸秋、应仁浩（病故）、汤聿文、朱振国、陈超雄、管朝彦，八人为一班，还有二班，后又继续开办了几期。

1944 年 1 月，我由一师师部调到十八旅工作，当时十八旅兼第一军分区驻姚费庄，原来的电台区队长是朱培章同志，他调一师师部三科任机务房主任，我先任电台区队长，后任三科科长兼电台区队长。十八旅是从苏南北渡的，通信设备比较富裕，团的电台都配得比较齐，我在十八旅时还自己装了两部电台。一师主力南下苏浙后，十八旅兼第一军分区仍留苏中根据地，我一直工作到 1945 年 8 月 15 日，日军宣布无条件投降。当时在一分区司令部电台工作的有：江卓群、孙毓英、霍然（牺牲）、谢倩、张官强、顾振亚、张滚、刘颖九、徐志祥、黄桂芬、王干等。

抗战胜利后，新四军进行了大的调整，我调到淮南军区司令部任三科科长，副科长聂鑫。三科辖一个通信连，电台区队有两部电台和一个电训班。

我在新四军做通信工作的日子里，主要是在基层和前线从事通信保障，其业务上主要是在李景瑞同志的领导下工作。李很会使用干部，根据干部的特点安排工作，经常把有战斗经验的通信干部安排到前线去。并注重人才的培养，先后举办了三期电训班，基本上解决了通信人员紧张的问题。粟裕同志对李景瑞很信任，也是由于他创造性地做好通信工作，比较好地保障了作战指挥和情报传递的通信联络任务，为新四军的通信工作作出了卓越贡献。

（本文选自红色电波网，1986 年 1 月 10 日写于南京）

卖子弹给红军的“小鬼”

文/梅世雄　黄庆华

杨家华

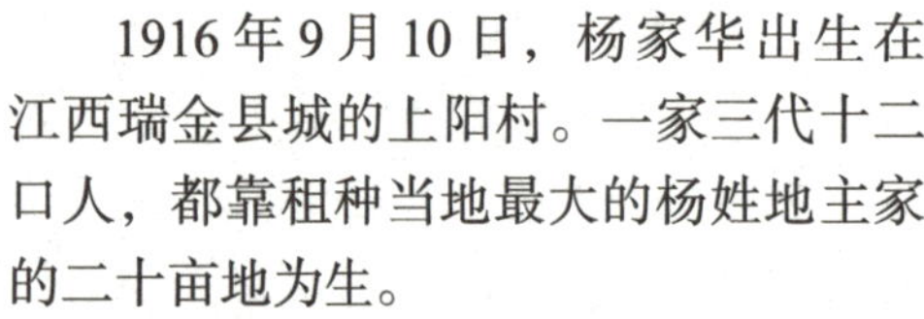

1916年9月10日，杨家华出生在江西瑞金县城的上阳村。一家三代十二口人，都靠租种当地最大的杨姓地主家的二十亩地为生。

饥饿和寒冷伴随杨家华幼小的童年。更不幸的是，杨家华的出生，给他的小姐姐带来了灾难——为了养活杨家华，父母不得不把她送给了别人。

“在这之前，我的三个姐姐都由于母亲的营养不良而胎死腹中。唯有这个小姐姐顽强地来到了这个清贫的世界上。”回想起艰难的童年，八十八岁的杨家华说，送走姐姐的那些日子，可怜的母亲狂乱得成天念叨着失去的孩子。从此，那种怕被抛弃的担忧就这样时时伴着他的童年，常常在梦中梦到自己像小姐姐一样被父母送走……一觉醒来，常常抱着母亲的胳膊请求：“不要把我送走！”

他渐渐长大了。而时代，也发生了变化。

“南京北京，比不上瑞金。”自从毛泽东带领的红军来到瑞金，并在这里成立了中华苏维埃共和国，杨家华的生活

就改变了。

那些人都穿着制服，说着南腔北调的话，做着千奇百怪的事。他们一起唱歌，一起读书，一起开会……后来，他们把附近的老百姓都组织了起来，除了吃饭、睡觉，好多事情都跟着他们一起干。

大哥杨家荣说，他们是红军，是好人，也是一些了不起的人。

杨家华的这位能写会画的大哥很快成了苏维埃政府裁判部部长。而比杨家华大十五岁的二哥杨家彬，早就是地下党员了。在逃脱民团抓捕后，二哥跟上了南昌起义后开往广东的队伍，参加了红军。

再次回家，二哥是带着红军回来的。他让杨家华参加了少先队，把杨家华送到红军学校训练了两个月。

尽管还不太懂“苏维埃”这几个字的含义，但杨家华喜欢这种火热的生活。最吸引他的，莫过于收集子弹卖给红军了。二哥说，这是支持革命的行动。

那时候，国民党军队常常出没，每过往一次，杨家华等人总能在他们睡过的稻草里找到他们丢弃的子弹。杨家华每次都能找到不少子弹卖给红军。

有一次，杨家华甚至与嫂子一起，偷了国民党部队的一箱子弹。这可值不少钱了！但是，二哥许诺说，只要杨家华把子弹给他，他就为杨家华买两条裤子。

这个诱惑实在太大了。杨家华毫不犹豫地把子弹送给了二哥——本来，他卖子弹，很大程度上就是因为二哥的带动。

但是，二哥的承诺，直到他牺牲时，都没有兑现。

“记着，红军是为穷人打天下的。”念着二哥教他的这个道理，杨家华参加了红军。

参军那天，八十六岁的老奶奶把杨家华叫到身边，拿出她珍藏多年的一只搪瓷杯放到他的包里——就是这只搪瓷杯，随着杨家华南征北战，一直到中华人民共和国成立后，被送进了中国革命军事博物馆。

奶奶叮嘱杨家华记住三句话：“到了队伍上，一是不管怎么样都不准开小差；二是身上时刻都要带一块姜和蒜；三是一路上山高水深，特别是不熟悉的深塘大河千万不要下去。”

（本文选自中国共产党新闻网）

我与白求恩的“一战之缘”

口述 / 卢来发　整理 / 卢江林

我 1929 年参加红军，抗日战争时期历任营长、支队长兼政委。

晋察冀军区是 1937 年 11 月成立的，是八路军在山西、河北、察哈尔、热河等省边界地区开辟的以五台山为中心的抗日根据地，是直属于中央军委的一个战略大区。军区司令员兼政委聂荣臻，参谋长唐延杰，政治部主任舒同。当时军区下辖四个军分区兼支队。其中第二军分区兼二支队，根据地在太原以北之晋东北，包括五台、定襄、忻县、崞县、代县、繁峙、应县、浑源、山阴等县。

1938 年 9 月，日军集结了第一一〇、二十六、一〇九师团，以及独立第二、三、四混成旅团等部，共五万余人，以我军区领导机关和主力部队为目标，分为十路，发动了大规模的围攻。日军从盂县出发，出动了一千三百余人，驮载辎重骡马二百余匹，在飞机的掩护下向五台县柏兰镇进攻。

为掩护党政军机关转移，聂司令员果断决定，派军区参谋长唐延杰亲自指挥，由军区警卫连和刚刚成立的学兵营三个连，赶赴滹沱河北岸抢占有利地形，阻击敌人，掩护机关转移。同时命令二分区离机关最近的部队，火速赶往阻击地，统一归唐延杰参谋长直接指挥。二分区赵尔陆司令员立即命令我带五大队三营两个连，飞奔前往。

9 月 29 日晨，警卫连在柏兰镇以南的牛道岭首先与敌遭遇。唐参谋长立即指挥警卫连占领有利地形，节节抗击。同时命令我五大队三营为右翼，学兵营为左翼，占领牛道岭阻击阵地，协助警卫连顽强阻击敌人。战斗从早晨打到黄昏，整整打了一天，我们顽强守住了牛道岭。

30 日，日军一〇九师团一部，从定襄方向对日军独立第十五大队进行增援。二分区赵尔陆司令员命令六大队对其进行阻击，同时命令我五大队主力赶往牛道岭地区，增援唐延杰参谋长，并归唐参谋长直接指挥。

10 月 1 日凌晨，唐延杰参谋长指挥

我第五大队和警卫连、学兵营向日军独立第十五大队发起进攻。警卫连和学兵营一部突然攻击南坡村敌人的后卫辎重，学兵营主力则在校场南山和石佛寺高地展开，截断日军对其辎重队的回援，我们五大队从北面向敌十五大队展开猛攻。

日军依仗猛烈的炮火，对我们进行反击，战斗非常激烈。日军死伤惨重，共被我军毙伤五百余人，其中包括击毙了日军独立第十五大队大队长清水大佐。我军也付出了很大的伤亡代价。学兵营三连第三排，在同日军白刃格斗中，全部壮烈牺牲。军区唐延杰参谋长被敌军炮弹弹片击中，身负重伤。激战至下午5时，部队接到通知，军区机关和边区党政机关已全部安全转移，阻击任务胜利完成，所以也主动撤出了战斗。

牛道岭战斗是我在抗日战争中与日军主力部队进行的第一次战斗。此战，毙伤了大批日军，狠狠打击了日军的嚣张气焰，对粉碎日军“十路进击、北攻五台”的战略行动作出了贡献。经我晋察冀边区各部队英勇战斗，在四十八天的反围攻作战中，我军共进行大小战斗一百三十六次，毙伤敌五千二百余人。日军以五万之众，妄图一举摧毁我晋察冀抗日根据地的战略企图被我们完全粉碎了。

战斗中，我被日军炮弹弹片击中脑部，昏迷十几天不醒。醒来之后，我才知道自己躺在位于秋卜洞、花木村的晋察冀军区模范医院里。

医护人员告诉我，我受伤后，是白求恩大夫亲自为我做了手术，取出了脑部的两块炮弹碎片，保住了我的性命。后来，经透视检查，我的脑部还残留一粒很小的弹片碎屑，因为伤的位置比较

白求恩在老姑休养所检查伤员恢复情况

深，如果取出来可能危及生命，所以当年白求恩大夫没有把它取出来。因此我患上脑外伤后遗综合征，阴雨天或者用脑过度，经常头部剧痛。

白求恩大夫是加拿大共产党党员，著名的外科医生。他于1938年春天到达延安，向党中央、毛主席坚决要求上前线进行战地救护。1938年7月17日，白求恩率医疗队到达晋察冀军区司令部驻地五台县金刚库村。聂荣臻司令员请他担任军区卫生顾问。第二天，他就视察了设在松岩口的军区后方医院，建议把这所医院建设成边区的模范医院，并向党中央、毛主席发了请示电报。8月11日，毛主席复电，同意白求恩担任军区卫生顾问，批准了他关于建立模范医院的请示报告。

9月15日，模范医院在松岩口正式成立。十天以后，白求恩大夫就离开军

区医院，带领战地救护队上了前线。我是10月1日负的伤，正好被送到了来到战地一线的白求恩战地救护队。据《白求恩传》的记载，从9月底到10月下旬，白求恩在前线工作了将近一个月，共施行战地抢救手术八十多次。其中，就包括对我的救治。

我醒来之后，白求恩大夫还专门到病床前看望我，并对我说："小伙子，你有很顽强的生命力！"那一年，我二十九岁，白求恩大夫已经五十多岁了，所以他称我为"小伙子"。

救命恩人白求恩大夫给我留下了极为深刻的印象。那时候，我见过的外国人不多，看到白求恩大夫慈祥的样子，感到非常和蔼可亲。白求恩对伤病员服务态度非常好，但对工作要求非常严格。我曾经看见白求恩因为工作人员消毒不严格而大发雷霆，与平时的慈眉善目形成了鲜明的对比。白求恩的医术非常高明，救活了许多生命垂危的伤员。像我这样严重的脑外伤，如果没有白求恩大夫，几乎是不可能救活的。白求恩还是一名优秀的医学老师，为晋察冀军区培养了大批的医疗卫生人才。模范医院也为边区所有的后方医院树立了一个榜样。

后来，听说白求恩大夫于1939年11月12日在河北唐县前线不幸牺牲，我心里非常难过。

毛主席为白求恩大夫写了《纪念白求恩》一文，伟大的国际主义战士白求恩的品德和精神，成为我们中国共产党人的一笔宝贵精神财富。

（本文选自《解放军生活》）

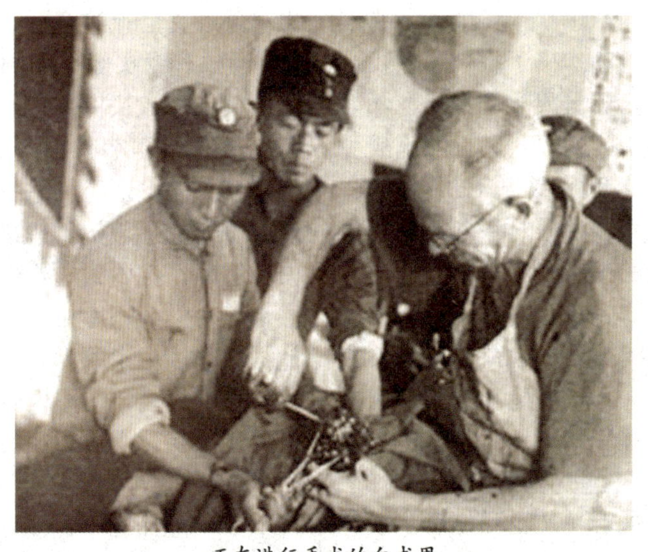

正在进行手术的白求恩

南征北战　驰骋沙场

——记我的父亲、新四军老战士徐超

文 / 徐新野

徐　超

我的父亲徐超，原中国人民解放军空军学院副院长。曾荣获三级独立自由勋章，二级解放勋章、独立功勋荣誉章和抗日战争胜利60周年纪念章。曾被朱德总司令称赞为“科班出身”的指挥员。中华人民共和国成立后长期在空军军事院校工作，为空军现代化建设作出了应有的贡献。

投身抗日斗敌顽

1937年7月7日，日本帝国主义发动了卢沟桥事变，开始了全面的侵华战争。8月13日，日军大举进攻上海，把战火烧到了江南，揭开了淞沪战役的序幕。江南无数城镇、村庄化为灰烬，澄武公路沿线房屋大部被烧，无数人流离失所。日军对中国百姓的烧杀掳掠的种种暴行，更激起了父亲对日军的仇恨。1938年2月，父亲参加了澄武地区周培大的抗日武装队伍，决心以热血与生命报效祖国。3月，周培大的部队与梅光迪的部队合并。7月，中共上海特科派何克希、刘史明、吕一平到梅光迪、周培大部组织领导抗日斗争。从此，江南抗日烽火在共产党的领导下越烧越旺。

1938年10月，梅光迪部、朱寿松部和青训班到溧阳整训，新四军一支队司令员陈毅同志将朱、梅部命名为江南抗日义勇军第三路军（简称“江抗三路”），并派老红军徐绪奎同志任“江抗三路”参谋长加强领导。父亲担任三连一班班长，次年2月，经包厚昌、刘史明同志介绍，父亲加入了中国共产党。

第一次战斗

1939年，父亲已担任“江抗三路”三连一排排长。一天午后群众报告，一股日军在翻译陪同下正在坂上骚扰。徐绪奎参谋长命令部队集合，一、三连出击。父亲带领三连一排冲在前面。经过两个小时激战，击毙日军九名，缴获轻机枪一挺，步枪数支，敌残部狼狈逃窜。可惜政治处主任老红军王赤同志献出了自己宝贵的生命。

征战南北

1940年7月，“江抗”九团随指挥部北渡长江。在此期间，父亲参加了黄桥歼灭保四旅、营溪歼灭保一旅一个团、姜堰歼灭保九旅的战斗。营溪作战中徐绪奎团长牺牲。黄桥决战经三个昼夜的激战，我军全歼韩德勤主力八十九军两个师和独立六旅。在追歼逃敌时，父亲左臂重伤致残。11月下旬，父亲伤口未愈便要求归队，归队的第三天开始了曹甸战役。曹甸是一个集镇，由国民党省机关率领八十九军和保安旅驻守。镇的四周是土围子，水壕宽十米，深约两米，镇内筑有坚固的防御工事，周围是水田，只有南北两条通道，进攻部队不易展开。曹甸战役是新四军和八路军会师后首次协同作战，双方都想在作战中取得好战绩。二团、九团战前抽调有战斗经验的班排骨干组成勇敢队，父亲担任九团勇敢队队长。12月13日晚9时，我军从三个方向发起总攻，父亲率领九团勇敢队与二团勇敢队一举冲过敌前沿铁丝网和水壕，占领了一段水围子。部队站在水壕内作战，棉衣棉裤湿透结冰，由于敌人坚固的防御工事和密集的火力，几次进攻进展不大，直到14日晚上才撤出战斗。

1941年皖南事变后，九团编为一师二旅六团，父亲由教导队队长调任一营副营长。是年夏，一营对外称高宝支队，奉命开辟高（邮）宝（应）地区，与苏中一分区、盐城地区和运河西的二师打通联系。部队进入高宝地区后，在地方党的协助下，宣传抗日，组织发动群众；寻找战机，积极打击日伪军。父亲亲自去伪军据点侦察，组织部队突袭王通河，歼灭伪军一个连。尔后，又亲自侦察攻打临泽，歼灭伪军自卫团，粉碎了日伪军的多次“扫荡”。争取了当地的大刀

“江抗”战士坚持在水网地区战斗

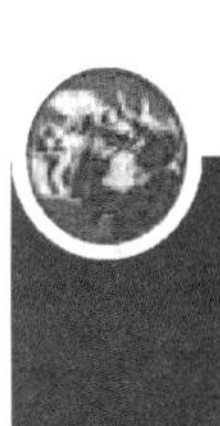

会，挫败了国民党妄图以大刀会对抗我军的企图，建立了抗日民主政权。8月16日，六团一营配合老四团攻击裕华镇日伪军据点，担任打援任务。经两昼夜激战，全歼日军两个小队七十余人和一个伪军连，俘虏日军七人。战斗中击退大中集两次日伪军的增援后，乘胜追击，攻入城内再歼日伪军三百余人。不久一营又配合老四团攻打顾殿堡、白驹等据点。顾殿堡是兴化县水网地区一个集镇，四面环水只有一条路，驻伪军一个营。我军从水上进攻，每班一条船，父亲带领突击连隐蔽快速突然登岸，一举歼灭伪军一个连。战后任三营营长。

1942年，为了粉碎敌人的“大扫荡”，党政军实行精兵简政，主力部队地方化。二旅五团合并给老四团，又从六团、盐城独立团各抽两个连加强老四团，组成机动兵团。父亲被任命为老四团三营营长。老四团原是新四军一支队二团，当年由王必成率领在江南打出了威风，令日伪闻风丧胆，被人民称为“老虎团”。父亲以自己能成为“老虎团”的营级指挥员而感到光荣。

歼日军缴大炮

1944年4月29日，旅部率三营驻杭村、南山村一线，四十八团团部率一营驻相距二十多里的北山园一线。上午10时，门口塘日军南浦旅团小林中队一百余人和伪军三百余人，携带九二步兵炮前来“扫荡”。旅部命令三营立即占领阵地，命令一营迅速占领牛头山。父亲令七连就地展开，正面阻击敌人；八连为预备队；自己亲率九连跑步登上慈菇山，准备从侧翼打击敌人。旅长王必成也来到慈菇山阵地亲自指挥。下午3时，敌人离七、八连阵地二百多米，七、八连全部机、步枪突然开火，敌人遭突然打击晕头转向，教导员郑大方率七连向敌勇猛冲击，父亲率九连由慈菇山向敌侧后猛攻，与日军展开白刃战。激战两个小时，共歼日军七十余名和伪军一部，缴获九二步兵炮一门。一营由于驻地太远，赶到时战斗已基本结束。这门火炮现被收藏在北京军事博物馆荣誉厅。此役优秀青年教导员郑大方及九连连长以下十八位同志壮烈牺牲。

为人民解放而战

1946年5月，父亲奉命调华中党校学习。6月，国民党挑起反人民的内战，纵队电令父亲立即归队，任四十七团参谋长。到任后，父亲立即投入苏中七战七捷战役。分界战斗，我军打破以往夜间攻击、白天准备、晚上再攻的常规。经过一夜战斗后，8月25日上午8时，王必成司令员到四十七团指挥所，召开了十六旅旅、团、营指挥员会议，传达了粟司令员的指示，并决定13时发动总攻，必须迅速全歼敌人。13时整，轻重机枪、迫击炮全部开火，部队立即发起冲击。前面的战士倒下去了，后面的战士就冲过去，前仆后继。战斗仅用两个多小时就全歼了九十九旅。

涟水保卫战

12月3日至16日，父亲又参加了第二次涟水保卫战。号称国民党精锐五大主力之一的整编七十四师、二十八师和新七军一个旅向涟水进攻，妄图切断华中与山东的通道，并协助宿北敌人的进攻。六师与独立六旅担任保卫涟水的任务，任务分工是：六师在黄河南作战，独立六旅在黄河北保卫涟水城。战斗至12月14日，敌七十四师集中兵力在飞机大炮的支援下突然向涟水城进攻，涟水告急。师部令十六旅立即增援涟水，四十七团为前卫。父亲带领先头营于15日2时进入涟水前沿阵地，立即在黄河旧堤上加强工事，设置障碍。其他部队天亮后赶到。8时，敌人以绝对优势的兵力火力，以十余架飞机、数十门大炮连续不断地轰炸扫射。我工事基本被毁。此时敌人发起连续不断的攻击，阵地失而复得，反复争夺。经过两昼夜的顽强拼搏，涟水城失守了，但确保了宿北战役的胜利和华中后方的转移。此战杀伤敌人四千余人，十六旅也付出了很高的代价，仅营以下干部就伤亡了八十余人。教训是深刻的。

莱芜战役中被俘虏的国民党军官兵

莱芜战役

1947年2月20日，总部对被包围在莱芜地区的李仙洲兵团（三个军七个师）发起总攻。六纵的任务是歼灭驻防吐丝口（简称口镇）的敌十二军三十六师。

口镇东西长约一公里，南北宽约八百米。莱芜以北十二公里，是胶济铁路张店至临沂的交通要道。此处囤积着敌人数千吨粮食和军火，是李仙洲的后勤补给基地。口镇四周筑有宽两米高四米的土墙，不宜攀登。六个通向外围的门各有一个排防守。东围墙内一座大庙建在高地上，火力可以控制全镇。庙南一片开阔地，西面一条小巷，北面无法攀登，周围筑有坚固工事和地堡，庙的屋檐下挖有隐蔽枪眼，对我威胁极大。

20日20时，十六、十八师同时采用偷袭的方式发起攻击，未进行炮火准备。父亲率四十七团突击营从西门偷袭成功，迅速解决了守敌并向纵深发展。四十八团偷袭也很顺利，至凌晨，两团已攻占口镇四分之一。十八师偷袭失败。

21日上午，师召开营以上干部会研究攻击方案，师长张云龙在房上观察敌情时被庙内敌炮击伤。下午3时，全师发起攻击，与敌进行巷战。由于敌人在巷口和十字路口筑有地堡，大庙火力控制屋顶，使我军无法进行穿插迂回分割敌人，只能逐屋争夺。晚10时，父亲与新师长罗维道趋前观察敌情，刚进院敌人就打来四五颗手榴弹，战士们不惜牺牲自己，迅即将父亲和罗维道按倒并伏在他们身上，保护了他们。敌人的战术是：顽强阻击、步步后撤、延我时间、等待增援。我军的战术是：勇猛冲击、速战速决。由于没有平射炮，也不会爆破，无法摧毁敌人地堡，因此进展缓慢，伤亡很大。

22日晨，四十七、四十八团已攻到大庙西侧，与大庙一巷之隔，两团的领导都在那里研究，准备10时发起攻击歼灭敌人。9时接到通知，各部队立即撤出战斗，跑步占领南门外一线阵地，歼灭莱芜突围之敌。口镇之敌乘机向东北方向突围，与七十三军突围的千余人会合，向博山方向逃窜，到达青石桥后被我友邻部队歼灭。十八师在堵歼突围之敌时歼敌两万余人，俘敌一万九千余人。战后，纵队副司令皮定均带领十六师师、团参谋长到三纵学习爆破。

孟良崮战役

1947年4月，父亲调四十八团任副团长兼参谋长。5月参加了孟良崮战役。5月13日，陈毅、粟裕命令六纵抢占垛庄和黄崖山，断敌后路，参加围歼七十四师的战斗。纵队将抢占黄崖山的任务交给了四十八团。黄崖山位于临（沂）蒙（阴）公路上，距孟良崮十里，敌一旦抢占了黄崖山，就与七十四师连成一片，歼敌计划就会落空。父亲带领四十八团三营为前卫，经两昼夜二百四十里的急行军，15日拂晓抵达黄崖山下。与此同时，敌二十五师一个团也已到达黄崖山脚下。九连的战士放下背包，跑步上山，当接近山顶时，发现有敌一个排已占领了制高点。九连一阵猛打将敌人压下去，抢占了制高点。不久，敌人一个营在炮火支援下进攻黄崖山，又被九连击退。10时许，敌人一个营再次冲击黄崖山，另以两个营进攻五五〇以南无名高地，企图以优势兵力从无名高地打开一条通路，继续向东与七十四师会合。此时，四十八团三营已全部上山展开，打退了敌人的进攻。妄想进攻黄崖山的敌人又一次被九连击退。敌二十五师两次进攻受挫，蒋介石要黄百韬不顾一切代价挽救七十四师。11时，敌二十五师以两个团的兵力同时向黄崖山、无名高地、狼虎山等一线阵地进攻，均被四十八团击退。晚上，敌人又发起进攻，亦未能前进一步。此战保证了孟良崮全歼敌七十四师战役的胜利实施。孟良崮战役的胜利，报了涟水战役的一箭之仇。9月，父亲参加沙土集战役，全歼敌整编五十七师。接着挺进豫、皖、苏。父亲奉纵队之命，带领一个营，两次奔袭项城，全歼敌保安大队和县政府。还有一次，奇袭亳州，歼灭敌一个保安团大部和县政府。

我军紧追退向孟良崮的敌人

豫东战役

1948年1月，根据党中央、毛主席的指示，部队进行新式整军，父亲参加了忆苦、三查三整运动。2月，一、四、六纵队到达濮阳整训，准备渡长江南下。5月，朱德总司令到达濮阳，亲自考察了各纵队团以上干部。当父亲向朱总司令汇报完自己的简历后，总司令说：“你还是科班出身呢！”

6月，参加豫东战役。战役第一阶段，一、六纵

队以运动防御阻击敌邱清泉兵团，保障三、八纵队攻击开封。战役第二阶段，三、八、十纵队阻击邱清泉兵团，保障一、四、六、十一纵队歼灭区寿年兵团。6月19日至22日，六纵队在定陶至兰封的纵深内进行机动防御，有效地阻击了邱清泉一个至五个旅在飞机大炮和坦克支援下的进攻。21日，父亲率三营在崔坝组织防御。敌新五军一个团以七辆坦克为先导，在榴弹炮团的火力支援下，向崔坝阵地进攻。从上午10时激战至下午6时，杀伤敌五百余人，有效地阻止了敌人的进攻。28日晚上，四十八团一营攻击前进至杨拐时为敌所阻。29日晚上攻击又受挫。在攻击中，四十八团俘获一个电话兵，才弄清杨拐守敌为第七十五师四十七团全部，并加一个山炮营，该团是七十五师的主力。6月26日该部占领杨拐后，即在纵长约一百五十米、横宽约三百五十米的村落地段上构筑各种地堡（低堡、暗堡、子母堡）七百余个，形成坚固绵密的以地堡为骨干的棋盘式防御体系。村庄四周地形平坦开阔，设有鹿砦五六道。30日，全师调整部署，以三个团从东、南、西三面实施攻击，十七师四十九团从北配合攻击。在炮火掩护下，四十八团副参谋长陈绍痕亲自指挥爆破队，一举连续爆破成功。父亲带领尖刀连突入敌阵，占领突出部几间房屋和十几个地堡。天亮后，敌人连续不断地反击，当时情况十分危急。师侦察连立即投入战斗，向纵深发展，四十八团三营突入敌团部。激战一小时，生俘敌团长以下八百零二人，毙伤敌七百五十余人。战后，父亲调任四十六团团长。

淮海战役

第一阶段是歼灭黄百韬兵团。1948年11月11日、12日，四十六团、四十七团协同进攻王家集、王庄守敌，歼敌四十四军约一个团。14日进攻彭庄，守敌为黄百韬兵团主力第一〇〇军军部、直属炮兵营、工兵营、特务营和六十三师全部，七千余人。庄周围和庄内筑有大量的地堡和地堡群，以及堑壕、交通壕，设置多道鹿砦，是敌主要的外围据点。敌军企图据守顽抗，等待徐州增援。纵队根据华野司令部速决歼敌，不使漏网的要求，决定以十六师、十八师全部攻击彭庄。14日19时50分开始炮击，20时各进攻部队同时发起冲击。四十六团一举突破敌防御阵地，其他方向的攻击均未奏效。敌集中兵力火力对四十六团突破口进行连续不断的反击，妄图封闭突破口。晚12时，纵队司令王必成亲自给我父亲打电话，询问战况，问是否要退出重新组织进攻。父亲报告说，敌人连续不断地反击，部队进展甚慢，如果重新进攻，我团没有力量了。王司令问，四十八团从你们突破口进去没有？父亲回答：“四十八团三营已进突破口。”王司令说：“好，你们顶住，两点钟再发动一次进攻。”尔后，王司令采取果断措施，立即调整部署，另调五十一团投入战斗。15日凌晨2时整发起攻击，迅速割裂了敌人的防御部署。战斗至9时，除了被打伤的敌军长周志道率少数人逃窜外，其余全部被歼。敌副军长杨诗云、参谋长崔广森被俘。

淮海战役第二阶段是蚌北阻敌北援，保障兄弟部队全歼黄维兵团。11月23日，敌黄维兵团被中原野战军包围于双堆集。中央军委电示华野以五个纵队南

下阻歼李延年、刘汝明兵团北援，十六师随纵队南进。30日，徐州杜聿明率邱清泉、李弥、孙元良兵团放弃徐州，以解黄维兵团之围，然后共同南撤。李、刘兵团在刘峙亲自督战下，再度北援黄维兵团。为了完成对敌邱、李、孙兵团的合围和加强对黄维兵团的攻击，华野主力北上。华野命令六纵克服困难，单独完成阻击李、刘兵团北援。十六、十七、十八师在蚌埠以北宽大正面上轮换防御。李、刘兵团在十六师阵地前展开一至六个师的兵力，疯狂地连续进攻，均遭到我顽强抵抗，积极反击。与敌浴血奋战十二个昼夜，歼敌三千余人，迫敌无法北援，保障了双堆集战斗的胜利。

渡江战役

1949年1月17日，十六师奉命强渡淮河。19日进入蚌埠，21日解放合肥。2月1日，进入长乐集地区，进行渡江作战的准备工作。此时，中央军委对各野战军进行统一编制，原六纵编为二十四军，原十六师改编为七〇师，原四十六团改编为二〇八团。4月20日，发起了渡江战役。七〇师为我军第一梯队右翼突击师。第一步，在胡家沟至六坝头地段上横渡长江，攻取铜陵；第二步，向广德方向前进，配合友邻攻歼南京逃敌。20日21时，军部令炮兵加强火力准备。师第一梯队两个团从两个方向并肩突击。以船为单位在宽大正面同时横渡长江。当船只航至江心时，敌岸轻重机枪和炮兵向我射击，企图阻我于半渡之中。突击部队在火力的支援下，以一往无前的精神突破敌火力封锁，奋勇前进。当距敌岸约一百米时，受到桩砦阻挡和岸上守敌的火力射击。部队迅速下水，越过桩砦，冲向敌岸。于21时40分，部队先后登陆，攻占了敌第一线防御阵地。23时，全歼闻新洲守敌。此时，部队收集船只和器材，准备强渡夹江。21日4时，胜利渡过夹江，守敌南逃，全师即展开追击。21日下午攻占铜陵城。二〇八团主力向木镇实施穿插，堵歼铜陵保安团两个营，歼灭朱家山守敌一个连后挺进大通，接应二十一军渡江。22时与二十一军胜利会师。至此，师渡江作战任务胜利完成，歼敌两千五百余人。我军突破长江防线后，南京、镇江守敌共十万余人向广德以南溃退。师全体指战员顶风冒雨，跋山涉水，以每天四十至五十公里的速度向东疾进，堵歼逃敌。27日，急行军七十五公里。28日，前卫二一〇团在东亭湖镇、施家井地区与南逃之敌接触，迅即向敌发起攻击，歼敌百余。为了粉碎敌人南逃，二一〇团继续追歼逃敌。二团、二〇九团进至广德城以东后，向独山镇方向前进，堵南逃之敌。29日下午，二〇八团、二〇九团分别占领独山镇、新垦村、半猫冲等地，与友邻师会师，俘敌四千余人。5月3日，友邻部队解放杭州，渡江战役胜利结束。全师在渡江战役中，毙伤敌六百余人，俘敌八千九百余人，缴获各种炮七十门，枪支三千三百八十二支，军马二百八十余匹，取得了巨大的胜利。

（本文由北京新四军研究会供稿）

以身殉志　不亦伟乎

文/沈　谦

方志敏

方志敏是伟大的无产阶级革命家、军事家，杰出的农民运动领袖。在他短暂而光辉的一生中，面对苦难多舛的祖国，无论艰难困苦、艰途险阻，他都义无反顾、秉志直行，积极探索救国救民道路，直至献出自己的生命。他用热血和忠诚奏响了励志报国、革命救国、以身殉国三部曲，始终保持坚定的革命信仰是贯穿其整个生命乐章不变的主旋律。

追求真理　矢志不渝

方志敏出生在江西省弋阳县的一个家境贫困的农民家庭。早在青少年时期，他就开始积极探求救国救民的道路，寻求强国富民的真理，并积极参加反帝反封建斗争。五四运动前夕，十七岁的他考取了弋阳县城的县立高等小学，在那里，他深受新文化思潮影响，立志要寻求救国救民的真理。他在校园组织进步团体“九区青年社”，积极投身五四爱国运动，成为反帝反封建的先锋。高小毕业后，他考进了远在省城南昌的江西省立甲种工业学校。他一边认真学习，一边寻求强国富民的真理。虽然他学习成绩优良，但终因带头痛砭时弊而遭军阀当局仇视，被校方开除学籍。他继而以优异成绩考进九江南伟烈学校，在这

里接触并阅读了《共产党宣言》《资本论》等进步书籍，由此成为马克思主义的信仰者，认定“只有社会主义可以救中国”。

历史的机缘，让有着共同革命理想的三位杰出江西籍青年走到了一起，方志敏、赵醒侬、袁玉冰被后人称为“江西三杰”。为鼓吹革命运动，他们商议在南昌建立文化书社，专门销售宣传马克思主义和革命思想的书刊。这个意见得到了中国社会主义青年团中央的同意。1922 年 8 月，方志敏加入中国社会主义青年团。随后，他回到江西筹办文化书社，推动革命思想在江西的传播，并筹建江西地方党团组织。1923 年 1 月 20 日，方志敏与赵醒侬等人在文化书社创建了“中国社会主义青年团江西地方团”。方志敏还与袁玉冰合力创办了报纸《青年声》，此后还担任过《新江西半月刊》的编辑，积极传播马克思主义。1924 年 3 月，方志敏在南昌加入中国共产党。之后，他与赵醒侬一道创建了江西第一个党组织——中共南昌支部，成为江西党团组织创始人之一。

投身革命　坚贞不渝

踏上革命的征程，方志敏始终保持着高昂的革命斗志和坚定的革命信仰。在第一次国共合作期间，他坚决服从党的安排，担任了国民党江西省党部农民部部长、省农民协会常务委员兼秘书长，积极领导开展农民运动。大革命失败后，大批共产党员和革命群众遭屠杀，全国笼罩在一片血雨腥风的白色恐怖之中。危难关头，他坚信革命必胜，秘密潜回家乡领导武装起义，开始探寻创建农村革命根据地、进行土地革命的道路。在领导赣东北革命斗争期间，他与邵式平、黄道等共产党员一起，克服环境封闭、没有外援等困难，一切从当地实际和革命斗争需要出发，创造性地开展工作，创建党的组织和红色政权，开展武装斗争和土地革命，逐步形成“工农武装割据”局面。根据地的范围逐步“由弋横而信江，由信江而赣东北，由赣东北而闽浙赣”，其区域最广时纵横赣东北、闽北、浙西、皖南四省边区二十余县，人口一百多万。闽浙（皖）赣苏区发展成为全国六大苏区之一和中央苏区重要的侧翼，被誉为“坚强的苏维埃阵地”。在根据地创建发展过程中，这里先后组建了老红十军和新红十军两支地方主力红军。根据地党的建设、政权建设、军事建设乃至社会建设都取得了巨大成就，积累了丰富经验。为此，中华苏维埃临时中央政府授予其“苏维埃模范省”的光荣称号，毛泽东同志称赞其为“方志敏式”根据地。在根据地创建与发展过程中，方志敏作为实际担负着最主要职责者，被中华苏维埃中央政府特别授予了红旗勋章。在第五次反“围剿”战争期间，方志敏根据中央电令将红七军团与新红十军整编为红十军团，并计划分兵两路，一路跳向苏区外线打乱敌军部署，一路转移至闽北开展游击战。但这一正确主张遭到否决，中央军委命令组成以方志敏为主席的军政委员会，率红十军团向皖南出击，执行北上抗日先遣队任务。此时中央红军已被迫长征，在此形势下向国民党统治中心进军，其前程必然是艰险重重。尽管如此，他还是以坚强的革命意志，严格执行上级决定。对于权力与地位，方志敏总是个人服从大局，地方服从中央，从不计较自己职位的高低与权力的得失；在与党内“左”

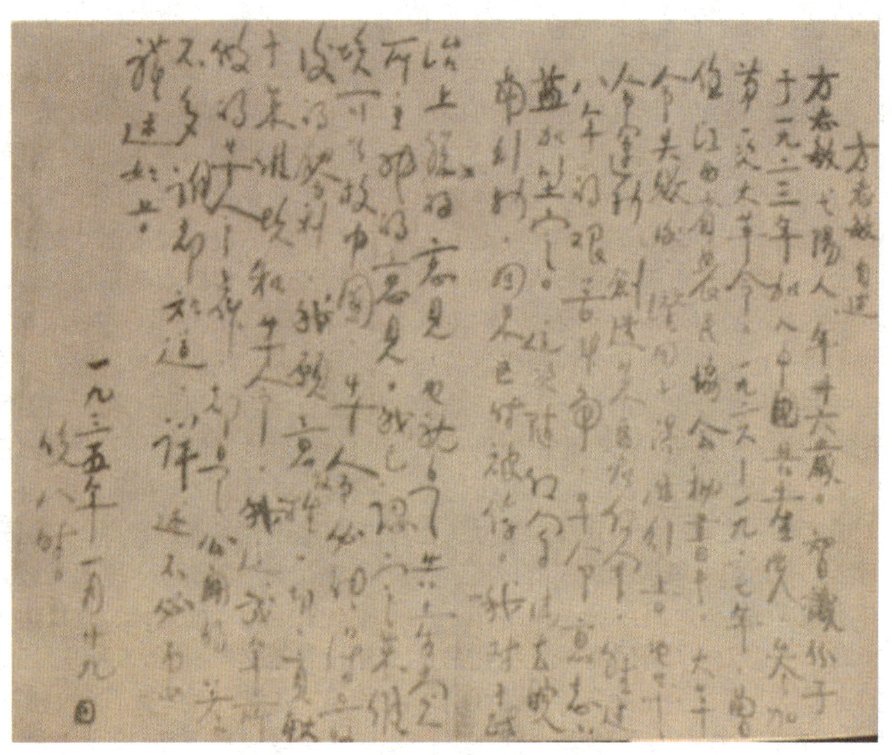

方志敏自述

方志敏，弋阳人，年卅六岁，智识分子。于一九二三年加入中国共产党，参加第一次大革命。一九二六—一九二七年，曾任江西省农民协会秘书长。[illegible]

一九三五年一月廿九日

方志敏自述

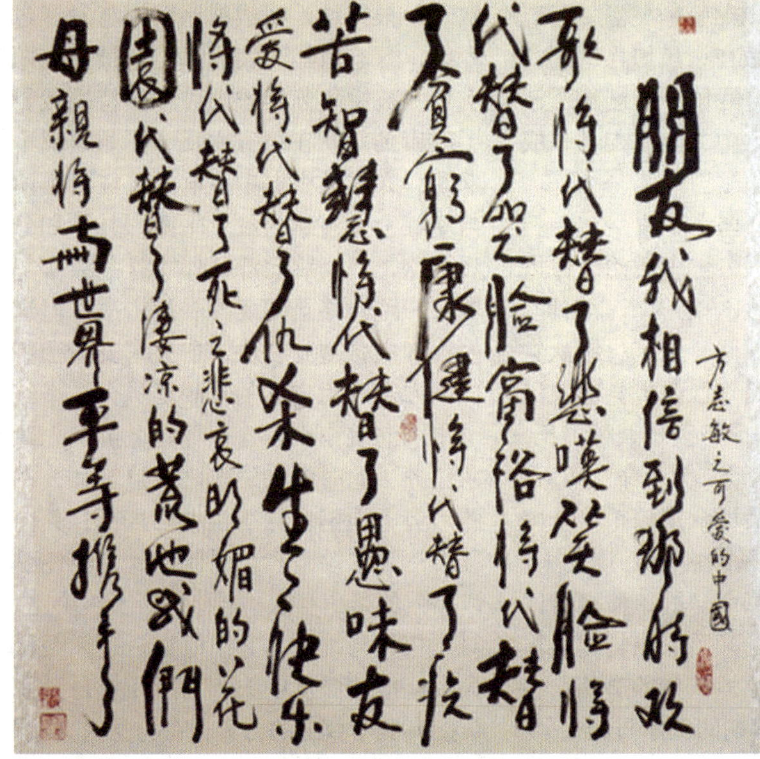

朋友，我相信到那时，欢歌将代替了悲叹，笑脸将代替了哭脸，富裕将代替了贫穷，康健将代替了疾苦，智慧将代替了愚昧，友爱将代替了仇杀，生之快乐将代替了死之悲哀，明媚的花园代替了凄凉的荒地，我们母亲将与世界平等携手了。

方志敏之可爱的中国

方志敏遗作《可爱的中国》

倾冒险主义作斗争过程中，既注重维护党内团结，也力求保护干部。对于干部队伍建设，他从不搞亲亲疏疏，既重视培养和使用本地干部，对外来干部的培养和使用也是高度重视。对于金钱和享受，他一向过着朴素的生活，甚至无钱去营救自己的爱妻，却分三次向党中央输送了大量黄金。他时时事事无一不体现出坚贞的革命信念和崇高的人生品格，体现出一个伟大革命者宽广的眼界和大局意识。

身陷囹圄　至死不屈

"血战东南半壁红"，方志敏率北上抗日先遣队浴血奋战两个月，终因弹尽粮绝被七倍于己的敌军围困于怀玉山区。他虽带领先头部队奋战脱险，但为接应后续部队又复入重围，终因弹尽粮绝，于1935年1月27日在江西玉山陇首村被俘。国民党当局如获至宝，给他戴上手铐脚镣，押上铁甲车"示众"。令他们始料未及的是方志敏的革命风采赢得了人们由衷的敬佩，闹剧草草收场。国民党当局继而又软硬兼施，威逼利诱，但这一切丝毫不能动摇他坚定的共产主义信念和钢铁般的革命意志。

在狱中，他一面与敌人进行信仰的交锋、意志的较量；一面领导难友建立党支部，进行革命气节教育，积极组织越狱斗争。在遭受囚禁的六个月中，他不是消极地等待敌人的杀害，而是以对党的无限忠诚，对祖国的无限热爱，在极其险恶的环境下，撰写了《可爱的中国》《清贫》《死——共产主义的殉道者的自述》《我从事革命斗争的略述》等狱中文稿共十六篇约十四万字，展示了他坚定的革命信仰和不屈的革命意志。他的高尚情操和人格魅力，甚至感染了狱中的看守人员和"落难"的原国民党高官。他们帮助他将这批文稿传出，使得这一宝贵的精神财富得以留存。1935年8月6日，方志敏在南昌下沙窝英勇就义，时年三十六岁。

方志敏同志对革命事业忠心耿耿，对共产主义信仰坚定不移，对革命大局全力维护，他的崇高品格和浩然正气凝聚为我们党宝贵的精神财富！

（本文选自《光明日报》）

“鹫峰阻击英雄”沈树根

文/赵　畅

沈树根

1950年10月底，刚入朝的志愿军就连续发起了数次战役。时任志愿军二十军六十师一七九团八连三排排长的沈树根带领他的三排顽强作战，在黄草岭战役中英勇杀敌，最后只剩下六名同志。同年底，部队休整时，沈树根的排才得以补员。

1951年6月22日傍晚，沈树根接到上级命令：“拿下鹫峰，固守一天。”鹫峰是华川前线制高点。当时，美军组织强大兵力进行反击，旨在切断我军退路。显然，一旦后路被抄，我军可能会付出很大伤亡。

接到任务后，沈树根所做的第一件事，就是立即把三排的三十四名战士分成七、八、九三个班。在他的提议下，经过小范围的商量，战斗方案出炉了：先行准备，待夜深时发起攻击，于凌晨拿下鹫峰。

沈树根心里明白，如此战略要地，敌人必有重兵把守，因此强攻不能成为首选，偷袭攻取才是上策。于是，他交代每位战士必须随身带好弹药，将用于识别的白毛巾缚在手臂上，并挂好用于

上甘岭战役中作战的志愿军

上甘岭前线我军阵地

上甘岭战役

联络的小喇叭。

不久，便下起了倾盆大雨。对于穿着棉衣的战士来说，下雨天也增加了御寒的难度和行动的不便。沈树根带领大家慢慢地摸上阵地去。果然不出所料，当大家摸到鹫峰922.4高地时，并未发现敌军。

沈树根说:“我知道，晚上敌联军会产生麻痹思想，但白天他们一定会有所行动。因此，我就开始布置固守要地，除了九班仍坚守922.4高地外，命令七班到八八七高地蹲守，八班调到922.4高地左翼防御。”可始料未及的是，蹲守了一天，敌军竟没有一点动静。

谁知夜幕刚刚落下，敌军就迫不及待地上来了。显然，对于我军占据高地，他们早已有所察觉。因为通常的习惯，总是先用大炮轰，再用步兵攻。可这一次，他们是借着夜幕的掩护偷偷摸上来的。对于敌军的偷袭，沈树根和战士们早已料到。于是，当七班战士与敌联军开始近距离交火时，沈树根早已率三名战士悄悄地迂回到了他们的后方。前后夹击，敌联军被打得哇哇直叫、晕头转向。他们以为驻守在山上的军力非常强大，可怎么也不会想到只有区区一个排的兵力。

“敌人虽被我们打退了，但他们绝不会善罢甘休。我猜想，他们会以更多的兵力再次向我们的阵地发起攻击。我们一定要运用多种战术钳制敌联军，更多消灭他们，为大部队的后撤留下充裕的时间。”沈树根既给战士打气鼓劲，又教战士们要打一枪换一个地方，给敌联军制造虚虚实实、真真假假的幻象，让他们摸不清我军的实际兵力。就这样，在沈树根的指挥下，全排运用“兵力分散，火力集中”的战略，以一当十，杀伤了大量敌联军。

上甘岭

进入白热化的鏖战时，沈树根带领战士们与敌联军展开了一次又一次的短兵相接。就这样，沈树根带领战士坚守鹫峰阵地两天两夜，打退敌人的十三次进攻，歼敌三百多人，所在三排只死伤四人，超额完成了上级“固守一天”的任务，为上甘岭战役的全面胜利奠定了基础。

事后，沈树根才得知，在鹫峰与他交手的是美军王牌师陆战队一师的部队。他本人荣立特等功，并被志愿军司令部授予“鹫峰阻击英雄”称号。三排也因此荣立集体特等功。同年12月在全军英模表彰大会上，他当选为“一级战斗英雄”，还获得朝鲜金日成将军亲自颁发的三级“国际勋章”一枚。同年回国应邀参加了国庆观礼，并列席全国政协一届三次会议，受到毛泽东主席等党和国家领导人的亲切接见，并与毛主席在怀仁堂合影、共进晚餐。“这并非我个人的功劳，也是我们当年三排全体官兵共同努力的结果，荣誉属于集体！”

（本文选自人民政协网）

战无不胜的八路军指挥员

文 / 邵百鸣

符竹庭

赣榆，位于江苏的最北端，濒临黄海，与山东交界，传说是当年秦始皇命徐福出海寻仙的起点。

在距县城五十公里处，坐落着举世闻名的“抗日山烈士陵园”。陵园内有一幢建造于抗日战争时期的花岗石六角形墓亭。墓亭坐北朝南，高耸于青山之巅，庄重雄浑，气势震慑人心。墓亭的正南面镌刻着一位抗日名将的名字并伫立着铜像，那就是时任八路军山东军区滨海军分区政委兼中共滨海区委书记的符竹庭。据说铜像是由三十千克的子弹壳熔铸而成。

“要消灭日本法西斯，打出八路军的威风”

符竹庭，江西广昌县头陂镇曹家边村人，杂货店学徒出身，十六岁参加红军，智勇双全，屡建功勋，历任红军团、旅、师级政委，是红军著名的军事指挥员和政治工作干部。

1937 年 7 月 7 日，卢沟桥事变爆发，红军主力改编为国民革命军第八路军。时任红一军团二师政治部主任的符竹庭被任命为八路军一一五师三四三旅六八六团政治部主任，于 8 月下旬，奉命从陕西三原出发，东渡黄河，开赴抗日前线。

在华北，他首先率部参加了著名的平型关战役。大战前夕，符竹庭曾在全团大会上作了令人鼓舞的战斗动员。他说：“国家兴亡，人人有责。人民的子弟兵，要有中国人的骨气。要消灭日本法西斯，打出八路军的威风，为中华民族雪耻，为受苦受难的同胞报仇！”符竹庭的动员极大地激发了指战员的战斗热情，为夺取战役的胜利奠定了坚实的思想基础，更充分显示了他卓越的军队政治工作才能。

之后，他又任东进抗日挺进纵队政治部主任，与杨勇、萧华、许世友等抗日名将先后创建了冀鲁边、鲁西、鲁南等抗日根据地，成为冀鲁抗日根据地的主要领导之一，人称“四〇三”首长。

1941年，他率领八路军一一五师教导二旅，由鲁东南挺进滨海地区。

滨海地区位于苏鲁交界，包括南起现在的连云港陇海铁路，北到山东诸城一带的沿海附近各县区两万多平方公里的地域。当时滨海地区的赣榆、郯城、海州等县土匪猖獗，日伪横行，局势混乱不堪。为了打击土匪和日伪军，开辟新的抗日根据地，是年3月，符竹庭率领教导二旅，在山东纵队的配合下，在赣榆地区发起了青口战役，鏖战四天，歼敌千余，拔除了海头、兴庄、朱都集等八处日伪据点，歼灭日伪军四千余人，收复了从青口至柘汪的大片沿海地区。至1943年初，符竹庭领导根据地军民英勇奋战，基本控制了滨海地区所有的出海口和集镇，将日伪军完全孤立在铁路沿线的几个较大县城内，大大沟通了与华中、胶东等抗日根据地的联系，使滨海地区成为山东抗日根据地最有实力和群众基础的地区。

短短两年，符竹庭在滨海地区抗日军民心中树立了极高的威望，提起“符主任”，老百姓无不竖起大拇指。时任中共华中局书记的刘少奇称他为“军政兼优”的领导干部，时任山东军区司令员兼政治委员的罗荣桓也称他为“很有能力的优秀干部”，抗日军民都将符竹庭视作“战无不胜”的指挥员。

1943年3月，符竹庭被任命为山东军区滨海军分区政委兼中共滨海区党委书记，成为滨海区抗日军民人人爱戴的领导。

“翻边战术”巧夺赣榆城

1943年是敌后抗日根据地最为艰难的一年，侵华日军集中了几乎所有的华北日伪军对铁路沿线一带的沂蒙山抗日根据地实行残酷的“秋季大扫荡”，妄图一举消灭沂蒙山八路军及敌后抗日武装力量。

在滨海地区，日军投入了一个日军师团和十几个伪军旅十几万人，依仗新浦、青口、郯城、赣榆、海州等城市，连番出动重兵，对滨海军区所在地赣榆地区夹谷山进行“重点大扫荡”，形势十分危急。

面对敌人的猖狂进攻，符竹庭和司令陈士榘决定采用罗荣桓将军的“翻边战术”，即“你打我这边，我反过来打你那边”，趁其不备，集中优势兵力，偷袭由伪军把守的赣榆城，从而打乱日军的“扫荡”计划，阻断其对根据地山区的进攻。

当时固守赣榆城内的伪军是第七十一旅李亚藩部的两千余人，属于日军“扫荡”的侧翼，主要是一些保安部队和盐警。但赣榆城墙高大坚固，易守难攻，伪旅长李亚藩又在城内各险要地修筑了许多碉堡炮楼。若直接攻城，将付出很大代价，一旦久攻不下，引来附近的日军主力，后果不难预料。

符竹庭根据战场形势和有关内线的情报，和参谋人员精心设计，制定了内线工作和外线作战相配合、巧取和强攻相结合的作战方案。

1943年11月19日晚，赣榆战役正式开始，符竹庭首先率领两个团的攻城部队潜伏在赣榆城外的高粱地里，远远地监视着城墙上的一举一动，伺机夺取城门。

晚上9时左右，城内守军逐渐放松警惕，符竹庭命令内线刘连成等人开始

行动。

内线刘连成是一位出身贫苦、有爱国思想的原东北军五十七军军官，后因五十七军叛变投敌，刘连成被编入李亚藩部任团副官。符竹庭对他寄予很大希望，为此符竹庭制定了方案：先由刘连成带两名工兵诓开城门；如诓城不行，即由两名工兵不惜一切代价，强行用炸药爆破城门。

黑夜之中，刘连成带领我军两名工兵，扮成下乡催粮的回城官兵，悄悄向城门接近。两名工兵都扛着一只装有四五十斤炸药的大口袋，足够炸开城门。符竹庭则亲自带领突击排跟在刘连成后面，隐蔽在相距五六十米处的竹林旁，待机突击。

刘连成来到城门楼前叫门，守门的伪军副班长毫不怀疑地打开城门，符竹庭立刻带领突击排冲进城门。战斗打响了，埋伏在城门楼上的内线徐忠信等人立即动手，迅速将城门楼上的哨兵全部解决，不到Ｉ分钟，突击队就完全占领了城门。

符竹庭命令号手吹响冲锋号，在突击排掩护下，大部队以迅雷不及掩耳之势冲进了赣榆城。

按照符竹庭制定的作战计划，第六团迅速歼灭了驻在东城墙根的文峰塔守军，扫除了部队向城内推进的第一道障碍。第二十三团则向东西大街以南推进，消灭了伪警察局的队伍，继而攻下城东南的大炮楼。

伪旅长李亚藩命守军仓促迎战，拼死固守各据点，自己却带领一部分守军从指挥所迅速退缩到核心阵地——碉堡群，企图固守待援。

城内的战斗进行得异常激烈，一直延续到次日拂晓还未分胜负，驻守新浦、青口的日军闻讯立刻赶来支援李亚藩，但在城外十里处遭到我军两个团的强力阻击，外线作战也正式打响。当时情况十分危急，符竹庭明白，当务之急是必须迅速解决城内守军，否则后果不堪设想。

符竹庭当即决定采用政治攻势，敦促李亚藩投降，如不成功，即强行歼灭。符竹庭给李亚藩写了一封劝降信，派一个俘虏送进去，并不断向伪军喊话，进行政治瓦解。十分钟过去了，碉堡里面依然没有反应。符竹庭急了，大叫：“拿炮来！”当时双方都没有重炮，符竹庭手中也只有一座轻型的九二步兵炮，仅有三发炮弹。

“对准李亚藩的大碉堡，开炮！”符竹庭命令道。

“轰”一声，第一炮打过去，敌军只是一阵慌乱，但并未投降。第二炮打过去，大碉堡被炸去一个角，李亚藩有点吃不住了，命人伸出一面破白旗，但仍未真心投降。第三炮又打过去，在我军内线黄胜春的劝导下，李亚藩终于投降了，他当即命令全旅官兵放下武器，到大操场集合。就这样，不到五分钟，就全部结束了赣榆城的战斗。谁也没有想到，符竹庭的“三炮”竟如此厉害。同时外线阻击也传来好消息，日军增援部队在我军的顽强打击下，灰溜溜地撤了回去。

赣榆之战共歼灭伪军一千六百余人，基本扫清了赣榆周围的敌伪据点，彻底打乱了日伪军对滨海抗日根据地的“蚕食”计划。

赣榆战役胜利后，八路军第一一五师、山东军区首长罗荣桓、萧华等特向参战部队和民兵颁布嘉奖令。11月26日，延安《解放日报》在显要位置报道了“赣榆大捷”的消息。赣榆之战也作为我军经典战例被载入《中国大百科全书·军事卷》。

“如果哪天我死了，一定把我也安葬在抗日山”

赣榆城丢失后，日军不甘心失败，调集重兵企图夺回赣榆城。符竹庭审时度势，决定率部队暂时撤出赣榆城，回到山区根据地休整，等待新的战机。但谁也没有想到，意外发生了。

1943年11月26日清晨，日军得知李亚藩等俘虏被关押在赣榆县黑林乡马旦头村滨海军分区机关驻地，立刻集结了新浦、青口日伪军六百余人，趁着漫天大雾，实施偷袭，企图营救李亚藩等俘虏。

那一天，符竹庭恰好带着一名警卫员骑着马到马旦头村检查俘虏工作，刚出门就突然听到前面有枪栓碰击的声音。大雾之中，他一时看不清是何人，立即高声询问，不料对方回答的竟然是日语。

“不好！敌人来偷袭了！”符竹庭立刻鸣枪示警，准备指挥部队与日军展开激战。谁知枪声一响，惊吓了自己的马，那马在大雾中一路狂奔，难以驾驭，致使符竹庭落马，一头撞到墙上，脑部严重受伤，待部队军医赶来抢救时，已来不及了。

于是，一代抗日名将符竹庭就这样离开了人世，真可谓：壮志未酬身先死，英雄血洒赣榆城。

噩耗传出，滨海抗日军民上上下下无不伤心欲绝，悲痛流泪。人们举行了隆重的葬礼，将符竹庭安葬在赣榆马鞍山上的“抗日山烈士陵园”内。

符竹庭的公文包

1941年，符竹庭曾亲自骑着马，在马鞍山上为烈士陵园选址，并将马鞍山更名为“抗日山”，同时交代部下说：“这里安葬着我许多的战友和同志，如果哪天我死了，一定把我也安葬在抗日山。我就是死了也要和他们一起守护着这片美丽的河山！”

抗战胜利后，赣榆地方政府又将赣榆县改名为“竹庭县”，希望赣榆人民永远记住符竹庭的名字，也永远记住这位来自江西广昌的抗日英雄。

1983年11月，赣榆、广昌两县人民隆重举行纪念符竹庭牺牲40周年大会。其生前战友、解放军原总参谋长杨得志将军赋诗云：

赣南闽西初相识，
长征路上风雨同。
君赴敌后驱日寇，
血洒赣榆留英名。

（本文选自《当代江西》）

记冉庄一次战斗

文/佚　名

1945年6月20日，驻保定的伪绥靖军集团司令齐靖宇和清苑县伪县长丛殿墀，带领两个团一千多兵力进攻冉庄。

我民兵分别把守在工事里，准备更有效地消灭敌人。敌军走到离村一二千米的地方，盲目地向村里轰炸扫射，后见没有动静，就开始向村庄逼近。忽然，轰轰几声，村北李登山家坟地、姜庄边梁家坟、村东王老黑房西等处民兵所埋地雷接连炸响。敌人被炸死、炸伤多人后，仗着火力优势，拆墙过院，扑进村庄。

隐蔽在东口双庙工事内的李明贵、李春久和刘景书等人，找准机会，接连射击敌军，敌人东窜西跑，摸不着头脑，气得哇哇直叫。

民兵高振峰和李恒木、张丙奎等人在十字街指挥部里指挥整个战斗。二十多名日伪军押着民夫背着锹镐过来，想破坏地道。高振峰瞄准一个目标，打中其头部，张丙奎拉响地雷，把伪军吓得纷纷逃命。

张德林拿着湖北造小马枪，带着五个爆炸组组员守在北口学校暗室里。听到近处房上有人说："集合了，在东北边场口。"过了一会儿，只见敌人从东边向北移动。张德林用手捅捅组员们小声说："过来了，准备好。"几个地雷接连在敌群中炸开了花。张德林又向敌群中打了一阵排子枪。敌人像没头苍蝇般乱撞起来，前头的往北跑分散着上了房，后边的往南、往东跑也上了房。敌人在房上支起机枪，干瞪着眼着急，没目标地胡乱扫射。张德林向大家说："等着，沉住气，等着拉雷。"不大一会儿，二十多个伪军上来拉死尸，民兵们又拉响两个地雷，四五个敌人倒下，其余都撤下去。过了半个多小时，敌人才敢出来收尸，随着大队撤走。

这一战斗，我民兵三十余人抗击敌伪两个团兵力，从早晨打到下午5时多，持续十三个小时，杀伤大批敌人，其中有一个副团长，一个副官，一个连长，一个排长，而我方只有一人臂部受轻伤。

在抗日战争和解放战争中，英勇的冉庄人民利用地道对敌作战七十二次，配合部队作战八十五次，打死打伤敌人两千一百多名。冉庄人民为抗击侵略者，为祖国人民的解放事业作出了卓越贡献。

（本文选自中国红故事网）

激情燃烧的岁月

——忆马兰峪战斗

口述 / 王福林　整理 / 春　晖

王福林，1927年出生，汉族，河北人。1944年6月14日参加八路军，经历过几次大型战斗，1946年11月2日加入中国共产党，历任班长，内蒙古党委总务处、昭乌达盟工业处干事。

1927年9月8日，我出生于河北宝坻大口屯镇窝北厂村（现划归天津市管辖）。我在家排行老大，下有两个弟弟一个妹妹。父亲王立祥，瓦匠，母亲王崔氏是个目不识丁的老实本分的家庭妇女。我父亲在兄弟四人中排行老二。我出生时，包括我的祖父母在内，全家一共十七八口人，那时还没有分家，过着一居的日子。那时，我家有三十多亩地，日子虽然清苦，但也其乐融融。

我十岁那年，正赶上侵华日军悍然发动七七事变，我那时正在小学读书，还不知道外面发生了天翻地覆的大事。我读书的时候，因为成绩不好，对学习也越来越没兴趣，读完三年级以后，说什么也不想再读书了，父母也没勉强我，让我在家做些力所能及的活计。

我十二岁那年，日军派一批汉奸到晋察冀边区进行破坏。1939年10月，先后以一万九千多人的兵力和一万八千多人的兵力，分别对冀中和北岳区，进行了大规模的冬季“扫荡”。那时，我的家乡已经被日本兵破坏得残破不堪，许多房子被烧毁，粮食被抢劫一空，人们有家难归。

从那时起，我家的生活就更困难了，就连“糠菜半年粮”的生活也难以维系。村里还有不少农户过着全年糠菜甚至“不见粮”的日子。

与其大家在一起饿死，还不如各找各的活路。于是，祖父母决定分家，父辈四户每户分七亩多地，外加一头毛驴。

家里那点农活根本不够干的，1940年，我到天津裕丰纺织厂当学徒，条件是白吃白干。我本以为通过出卖苦力能混碗饭吃。想不到，当学徒的日子更加艰难，每天起早贪黑地干，老板指东你不敢往西，手和腿没有一刻闲的时候，把我累得走路都打晃。况且，全国人民都在挨饿的时候，老板不可能让我们吃饱，我常常饿得前胸贴着后背，两眼冒金星。

1941年，我回到了家乡，开始给地主扛活，通过扛活挣钱贴补家用。像我这么大的十四五岁的孩子给地主扛活，大活是做不了的，只能做些比如耪地、薅地、放牛、打水之类的零活，相对来说，这一年，我家过得还算太平。

可是，好景不长。1942年10月8日至12月10日，日伪实行第五次“治安强化运动”，通过“扫荡”“蚕食”对游击区和巩固区进行了为期三个月的彻底掠夺：收到家的粮食被抢光，地里长着的庄稼有的被强行割走，有的被大火

烧毁殆尽。

9月24日，是农历的八月十五，民间传统的中秋佳节。这一天，日军带着还乡团的伪军突然进了村。村民们听到摩托车声赶忙四处逃难，日军和还乡团没见着人影，就把房子点了火。村民们有的躲在池塘里，有的蹲在树丛中，看着村里火光冲天，都急得没办法。直到日军出了村，大家急忙跑回村中救火，谁知日伪军没走远，只是到村东藏了起来，等人们回村之后，他们突然折回，把村子包围起来，机智点的村民跑了，跑慢一点的都被抓住了。

被抓住的村民有的被杀，最“便宜”的不死也得被剥层皮，被打得体无完肤，皮开肉绽，多数落下残疾。

记得有这样一首顺口溜，描绘了当时的情景：

三光更比瘟疫凶，十室遭劫九室空。
树皮草根全吃尽，青枫林下断肠声。
炮楼如怪蹲林东，院井门巷杂草丛。
阳春日间不农播，武卫互助明夜耕。

贫苦农民食不果腹，衣不蔽体，只好携儿带女，逃往他乡谋生，出现了“男跑外女讨饭，老弱病残靠边站”的悲惨景象。

1943年，全年干旱，河干井枯，地里的庄稼颗粒不收。人们实在没法活下去了，幸亏边区政府发动募捐，给人们放了些救济粮，但当时政府也非常困难，拿不出更多的财物补给多灾多难的农民。

1944年，我十六岁，有一天，区干部品臣找到我，说：“你都这么大了，为什么不当兵呢？在家等着让日本人抓去枪崩吗？你要当兵的话，手里有枪，小日本再来打我们，咱们真刀实枪地跟他干，杀一个够本，杀两个还赚一个，你说呢？”

我回家一琢磨，品臣的话有道理，与其在家提心吊胆地活着，还不如出去闯闯呢！也许还能闯出一条活路。

第二天，我找到了品臣，肯定地给他回了话：“我想好了，我要参军！”

我的想法一直没跟父母说，也没敢跟他们商量，当时兵荒马乱的，我怕他们不让我参军。于是，我在心里装着，一直到这年的6月，正在耪地的我接到了入伍的通知，我二话没说，把锄头送进家，当时家里人都在地里干活，我连招呼都没打，就参了军。

我很快就成了冀热辽十五团一营三连三班的一名八路军战士，那身深灰色的军装是我有生以来穿的最漂亮的衣服。

当然，我知道，这身漂亮的衣服承载着我为祖国贡献青春，为祖国抛头颅洒热血的责任。

参军后，我曾经历过无数次的战斗，可以说，我的整个青春就是在战场上度过的。在这些战斗中，给我印象最深的要数马兰峪战斗，这是我从军之后的第一次战斗。

进入部队后，我们这些新兵进行了为期一个多月的训练。刚开始是队列教练，后来是投弹、刺杀和瞄准三大技术，这些训练结束之后，我就成了一名正式的八路军战士，随时准备投入战斗。

对于我们这些从未上过战场的小战士来说，上阵杀敌是件既让人恐怖又让人感到刺激的事情。每天训练之后，大家围在一起，听老战士们绘声绘色地讲着在战场上的一些故事，这些故事既充满了血腥，也让人觉得过瘾，都有一种跃跃欲试的冲动。

1944年8月的一个黄昏，太阳刚刚

落山，西边滚动着艳丽的云霞，战士们刚刚放下饭碗，还没来得及洗漱，紧急集合号吹响了。

我立即背起武器、背包，向集合场跑去。

这时，队伍已经集合完毕，然后，开始急行军。没有人告诉我是出去打仗还是转移，像我们这样的当大头兵的也没有必要知道那么多。

我走在队伍的最后面，思忖着这到底是怎样的一次行动。

快到半夜的时候，我们已经走出了一百多里路，脚底下已经起了血泡，由于高度紧张，根本就没觉出半点疼痛。

这时，我听到前面枪声大作，战士们拼命地喊着“冲啊”“杀啊”。我也跟着战士们沿着炸开的一个缺口，冲进了敌营，和敌人展开了肉搏战。

这不是你死就是我活的时刻，生命的较量已经战胜了当初的恐惧。我端着七九式步枪，除了朝敌人扫射，就是拼刺刀。

此刻，时间凝固了，对家的想念没有了，对生命的怜惜也不复存在，有的只有见一个杀一个，见两个杀两个，不能停手，不能犹豫，否则，自己就没命了。战场拼的就是勇敢和速度。

当响亮的军号奏响的那一刻，我下意识地停下手中的刺刀。四处再看时，周围只有自己的同志，他们都举着枪，站在敌人的尸体上欢呼雀跃。这时，我才感到四肢酸痛，身上溅满了敌人的血，到处都弥漫着扑鼻的血腥味。

我一抹脸，脸上沾的血已经凝固，血嘎巴黏得脸皮发痒。

兵败如山倒，此时，日伪军就像受到了惊吓的野驴一样四处逃窜，他们顾不得拿枪带炮，甚至连衣服都没来得及穿，只知道在冀中平原上狂奔。

仗也打完了，雨也下来了，天像漏了一样，一下捅出了瓢泼大雨，战士们冒着雨把敌人的枪支弹药、粮食补给迅速地搬到了前来接迎的马车上，一路上引吭高歌，离开了战场。

敌人的尸体以及散发着腥味的血迹被暴雨冲洗得干干净净。

后来才知道，我们打仗的地方叫马兰峪，位居河北省遵化市西北二十三公里的蓟（县）遵（化）兴（隆）三县交界处。传因此地驻守过名叫马兰的边将，并在此处栽植些马兰花而得名。初名马兰谷营、马兰城，后改名马兰峪，此处又因清道光年间建过兰阳书院而名兰阳。

（本文选自中国敖汉网，节选原文《激情燃烧的岁月》第二章节）

史鸣智闯盐城

文 / 刘铁民

解放战争后期，我江淮分区为了适应大军南下和解放全国形势的需要，1948年夏季派天高县城工部副部长史鸣、王聚成两位同志前往敌占区进行活动。经过商量，他们决定去盐城闯一闯。

史鸣同志扮成大商人，身穿白色小纺褂裤，外穿灰色横纹长衫，头戴乳白色海派凉帽，脚穿漏孔白色皮凉鞋，眼戴墨镜，手持文明棍。王聚成同志扮作伙计，身穿黑色元纱褂裤，头戴小边草帽。

这天，他们来到盐城城门口，见国民党士兵正在严查过往行人，史鸣便示意王聚成和他同去城外的一家茶社逛逛。两人一边喝茶、吃点心，一边注意着外面的动静。当士兵换岗之际，他们有意地大声喧哗，以引起站岗士兵的注意。少顷，史鸣站起身来，偕王聚成一同进城。走到城门口时，站岗士兵拦住他们，意欲盘查，史鸣用文明棍将士兵推到一旁，厉声道："你眼睛瞎了？我们是刚刚出城到外面吃早点的，没有看到呀！"说着，大摇大摆地走了进去。

进城后，史鸣从几家关系户中选择了一位大盐商，准备将他家作为落脚的地方。盐商见史鸣一行来做客，十分高兴，晚上盛情款待，并将在城关镇政府任书记员（掌管大印）的儿子也喊来作陪。

翌日，用过早点后，盐商的儿子去上班，史鸣、王聚成也随后出了门。史鸣对王聚成说："你去买一刀'十行纸'，我到附近的几家香烟铺去看看。"看了一圈后，史鸣发现这些店铺里都缺一种叫"三炮台"的烟，便胸有成竹地向盐商儿子所在地走去。

盐商的儿子见父亲的朋友走进来，非常热情，连忙沏茶招待。寒暄了一会儿后，史鸣随意道："哎，烟瘾发了，你这里有'三炮台'吗？"盐商的儿子一听，连忙说："我去买，我去买。"说着，转身离去。

待其出门后，史鸣连忙用"十行纸"写了几张证明，然后打开抽屉，取出政府大印，盖上，又盖了很多张空白大印。

后来，我方人员去敌占区时，持着这些盖有大印的"证明信"，就十分方便了。

（本文选自安徽文化网）

平北抗日第一枪

文 / 宋庚龙

李钟奇

1938 年春天，侵华日军占领了整个平北地区后，开始在各乡修据点、盖炮楼、抢粮食，准备长久驻扎。

6 月 11 日清晨，八路军第四纵队奉朱德总司令、彭德怀副总司令的命令赶赴冀东，参加冀东抗日大暴动，他们在郑良武和李钟奇的率领下风餐露宿，一路急行，奔赴冀东。

上午，队伍行进到怀柔西部的沙峪村附近，一连几日的急行军，战士的脸上露出倦怠的神色。李钟奇和郑良武同各小队干部碰头，决定部队在沙峪村休息。

来到沙峪村后，支队战士迅速拿下伪警察所，侦察员又捉到了三个汉奸特务，经过审讯，得知日本华北派遣军板垣师团教导营的一个中队，正从东南而来，朝着沙峪方向疾进。

一听有敌情，机警的战士们忘掉了几天的疲劳，围拢在李钟奇和总队书记郑良武身边。

“同志们，敌人还摸不清我们的情况，他们在明处，我们在暗处，到嘴边的肥肉，不能不吃，大家加紧隐蔽，做好战斗准备。”郑良武铿锵有力的声音，一下子激发了战士们的斗志，几天长途行军的疲劳烟消云散。

战士们快速地埋伏在沙峪东山嘴的

两山下。11时，日军开始出现，一个、两个、三个……足足有一百二十个。十分钟过后，这一队日军完全进入了我八路军伏击圈。

“打！”李钟奇洪亮地一吼，手中的驳壳枪撂倒一个，一瞬间沙峪的山谷里，枪声、手榴弹的爆炸声和战士们的喊杀声交织在一起震撼着这宁静的小山村，听到枪炮声，沙峪和邻近几个村的老百姓也跑来参加了战斗。有的救伤员，有的送弹药，还有几个胆子大的，干脆和战士一起投入了战斗。

一场激烈的鏖战开始了，这清脆的枪声划破了阴暗的天空，这枪声打响了平北人民抗日的第一枪，燃起了平北人民抗日的烽火。

敌人受到突然打击，清醒过来后，立即组织了十几次反扑。战士们越战越勇，子弹越打越少。下午，我军伤亡人员逐渐增多，郑良武也英勇牺牲了，支队参谋长李钟奇胸部中弹，负了重伤。在危急之下，沙峪村村民杨广端带着几个小伙子赶来，用门板把满身是血的李钟奇抬离了战场，送到南冶村进行救护。

在战斗最激烈时，双方展开了肉搏战，我军战士有的用石块砸烂敌人的脑袋，有的直到牺牲时双手还紧紧掐着敌人的喉咙，有三个战士负了重伤后还打死了十几个敌人，最后拉响了手榴弹与敌人同归于尽。

战斗持续到下午3点多钟，枪声渐稀，但五六十个残余之敌仍不投降。此时八路军指挥所组织了一个排的兵力，每人带上十颗手榴弹奔向前沿阵地，在没膝的青纱帐掩护下，很快接近了敌人，指挥员一声令下，冰雹似的手榴弹在敌群里开花，炸得日军血肉横飞，完全失去了抵抗能力，很快被全部歼灭。

沙峪抗日纪念碑

伏击战结束后，据打扫战场统计，歼灭日军一百二十余人，缴获步枪八十多支，轻机枪三挺，掷弹筒三个。这群日军完全没想到在四海据点增兵的路上，在沙峪被我军打了一个漂亮的伏击战。然而，这次歼灭战，由于武器落后，弹药不足，八路军第四纵队八十多名年轻战士永久地长眠在怀柔的青山沃野，他们大部分是久经战斗考验的红军战士。今天他们长眠在沙峪的青山下，殷红的鲜血浇灌了这块土地。

平北第一枪，也打出了怀柔人的英雄气概。在战斗最激烈的时刻，沙峪村和南冶村的群众自发组织起来，支援八路军痛击日本侵略者，有的为战士带路、烧水、送饭；有的主动摘下自家门板，拿出捆柴用的绳子，冒着枪林弹雨，从战场上抢救伤员。

（本文选自《人民政协报》）

突破“三八线”

文 / 高熙宏

高熙宏，辽宁复县人，1923 年 6 月出生，1947 年 10 月入伍，1949 年 6 月入党，历任班长、排长、指导员、连长、炮兵主任、武装部部长、营房处处长等职。参加了辽沈战役、平津战役和抗美援朝。荣获解放奖章；立小功一次。

提起北纬 38° 线，世人都会将目光聚焦到东北亚那条将朝鲜半岛一分为二的著名“三八线”。

作为一名中国人民志愿军的老战士，我曾为抗美援朝、保家卫国而战斗在“三八线”上，因此更有那“铁马冰河入梦来”的不忘追忆。

六十三年前，我在志愿军第四十二军一二六师三七七团司令部任炮兵参谋，团下属三个炮兵连，一连为一二〇迫击炮连；二连为七五山炮连（均是解放战争中缴获国民党军的武器）；三连为九二步兵炮连。由于当时我是团里仅有的炮兵学院毕业的参谋，因此平时我代表团司令部指挥以上三个炮兵连。

1950 年 10 月 24 日夜晚，我部跨过鸭绿江，成为第一批入朝参战的先头部队。从此我在朝鲜战斗了两年多时间，参加了五次大战役中的四次战役。

“三八线”附近

第一次战役是阻击战。中国人民志愿军在鸭绿江边把敌人挡在朝鲜境内，使敌人进犯祖国的野心未能得逞。

第二次战役是追击朝鲜境内的敌军。“联合国军”在遭到志愿军第一、二次战役打击后，全线崩溃，被迫撤至“三八线”附近地区转入防御。此时，英、法等参战国主张战争在“三八线”停下

来，但美国从其全球战略出发，决意重新考虑对朝鲜战争的军事战略和政治方针。在军事上，美第八集团军司令李奇微部署了一条从临津江至“三八线”的总战线。将十三个师另两个旅约二十万兵力，布防在横贯朝鲜半岛二百五十多千米正面、六十千米纵深的防线上。以李承晚军为主设置在第一道防线上，“联合国军”设置于第二道防线，并将大部分的美、英军集结在汉城周围和汉江南北地区的交通要道上。造成了能守则守、不能守则南撤的态势。在政治上，美国则提出先停火后谈判，企图诱使志愿军停滞于“三八线”以北，为“联合国军”组织新的进攻创造条件。美国总统杜鲁门于1950年12月16日宣布全美进入紧急状态，要求将美国军队从当时的二百五十万人增加至三百五十万人，还要求在一年之内将其飞机、坦克的生产能力分别提高四五倍。

1950年12月13日，正当“联合国军”向“三八线”败退时，中共中央军事委员会主席毛泽东致电志愿军司令员兼政委彭德怀，指出：目前美、英各国正要求我军停止于“三八线”以北，以利其整军再战。因此，我军必须越过“三八线”。如到“三八线”以北即停止，将给我政治上以很大的不利。要求志愿军克服和忍受一切困难，协同朝鲜人民军打过“三八线”。

因此，中国人民志愿军的第三次战役就是突破“三八线”、进军汉城。1950年12月15日，彭德怀召集朴一禹、洪学智、韩先楚、解方等研究，决心发动第三次战役，打过“三八线”。彭德怀态度坚决地说：突破就是胜利，就是对敌人和谈阴谋的有力打击。于是，志愿军决定以六个军组成左、右两个纵队，在朝鲜人民军三个军的协同下，充分发挥战役的突然性，于1951年1月1日拂晓，部队由东线到西线几百千米的战线，在志愿军总部的一声令下，统一打响。

我们部队在战役总攻之前，进行了充分的战前准备。我团司令部就派出侦察参谋，带上地图和小分队夜间摸过“三八线”，把敌人的三个榴炮连给端掉，打得很精彩，为我团进攻扫平了道路，减少了不必要的伤亡。

就在总攻战役打响不久，部队在前进中遭遇到敌人十分凶猛的火力阻击。

这时我果断地命令三个炮兵连同时向无名高地的敌人发起猛烈炮击。迅速将阻击的敌人击退，做到准确无误、精确打击、全面覆盖，为我军大部队打通道路顺利前进提供有利的条件。这是我在朝鲜战场上指挥战斗最为成功的一例。

战斗进行到1951年1月2日，志愿军已突入“联合国军”和李承晚军防御纵深十五至二十千米。“联合国军”第一道防线崩溃，汉城正面吃紧，美、英军东部侧翼完全暴露，故开始全线撤退。

从1月3日开始，中国人民志愿军和朝鲜人民军转入追击作战。右纵队在人民军第一军团的协同下，向仁川、汉城、水原、杨平方向追击。志愿军第五十军在高阳以北碧蹄里击退美军第二十五师一个营的抵抗后，又在高阳以南之佛弥地截断了英军第二十九旅退路，全歼该旅皇家奥斯特来复枪团第一营及一个坦克中队。志愿军第三十九军在议政府西南回龙寺歼灭美军第二十四师二十一团；在议政府以西釜谷里歼灭英军第二十九旅两个连。志愿军第三十八军、四十军追至议政府东南水落山地区，

志愿军某部机枪班坚守高地

击溃美军第二十四师十九团。左纵队在人民军第二军团、第五军团协同下，向洪川、横城及江陵方向追击。迫于中朝军队的强大攻势，“联合国军”于3日15时开始撤离汉城。4日，志愿军和人民军进占汉城。“联合国军”和李承晚军被迫撤至北纬37°线附近的平泽、安城、堤川、三陟一线。中朝军队于8日停止追击，结束战役。

因为我团是大部队的先头部队，敌人的第一、二道防线比较坚固；第三、四道防线却比较薄弱，后来的战役打得比较顺利。我团先头部队追击敌人不断越过“三八线”、三七线，一直打到汉江以南的南朝鲜。当我们到达时，当地老百姓都人去楼空，因为敌人宣传说中国军队吃人肉，所以受到欺骗的老百姓都被吓跑了。

当时上级怕我们孤军作战被敌人吃掉，电令我部立即撤回汉江以北的“三八线”。

这次战斗，地点是晓星山，由于敌人炮火很猛烈，上级下令我部撤出战斗阵地立即转移。因部队长期给养不足，战士们已无力拉、抬大炮，只能将火炮拆卸后拖下山，炮身上的油漆都磨掉了。这时敌人的炮火依然很猛，我赶紧上前帮助战士抬起一块山炮的前挡板，扛在肩上疾步朝山下跑。突然一发炮弹落下，在我身旁爆炸，一块弹片击中我肩上的挡板，弹片冲出三米多，将挡板划出一道深深的痕迹。

可是当时正是冬天，被冰封的江面上只能过人，不能过车。我们部队有些战士连人带马车都掉进冰冷的江水里，但我们没有后退，而是执行上级命令，克服困难，又打回到“三八线”以北，纵横驰骋在“三八线”上。这是我们志愿军老战士一生难忘的荣光！

在第三次战役中，中国人民志愿军和朝鲜人民军共毙伤、俘虏“联合国军”和李承晚军一万九千人，其中志愿军歼其一万两千余人；突破“联合国军”的“三八线”既设阵地和纵深防御，占领汉城及三七线以北广大地区，实现了预期目标。

（本文选自《英雄树下话峥嵘》）

羊山头伏击战

文/谢勇武

在抗日战争的烽火硝烟中，新四军淮南军区来（安）六（合）支队在羊山头伏击战中前后仅用五十分钟，就全歼了汪伪警卫三师一个整营及日军一个小队。

汪伪“首都”警卫部队有三个师，分别驻扎在南京、江宁、句容、江浦、六合等地。1944年12月，来六支队得知伪警卫三师将与驻扎在六合、江浦、程驾桥一带的伪警卫一师换防。几个支队领导研究认为：敌人换防是我们消灭敌人的好机会。

决心定下后，立即动员部队，加紧做好战前准备。首先，将支队五个主力连（二、五、六、七及特务连）集中到支队司令部附近进行突击训练。并从各连抽调党团员和战斗骨干，组成一支“敢死突击队”，全队三十多人，每人配八枚手榴弹和一支梭镖。当时支队的枪多为“老套筒”，没有刺刀，子弹也不多。全支队只有五六挺老式的捷克式轻机枪。为了改变武器差，不利于同敌人拼刺刀的劣势，决定赶打一批梭镖。只用了一个星期，就赶制了近三百支梭镖。梭镖打好后，没有梭镖棍。驻地群众想方设法帮助筹集。有的将房前屋后栽的小树砍掉，做成梭镖棍，有的干脆把自己用的锄头、铁耙棍卸下送到部队。在人民群众的大力支援下，支队装备了一种“新式武器”——梭镖，它在羊山头战斗中还确实发挥了大作用呢！

一切准备就绪，只等敌人来换防上钩。可一连几天敌人毫无动静。直到21日中午才接到侦察参谋叶家余从程驾桥派便衣侦察员送来的情报：伪警卫三师一个营在日军一个小队的庇护下，22日将从六合县城去程驾桥换防。当时，支队司令员程启文接到调路西四旅十二团工作的命令，去军区谈工作了；支队政治委员谢曙光（当时还兼任来六县委书记）也因事去某区了。部队由唐元田参谋长领导。唐接到情报后，一面集合部队按预定方案向伏击地区隐蔽运动，一面立即派人送信通知谢政委。谢政委接到通知后，立即追赶部队，于半路上与唐参谋长会合。22日凌晨1时多，部队到达预定埋伏地域，迅速按预定方案展开：二连和突击班埋伏在公路南侧的小王营，五、六两连埋伏在敌人来路方向公路两旁的杨松营、小胡营、胡营的民房内，特务连放在马庄控制制高点，七连放在黄庄作预备队。另派马集区基干和程驾桥便衣队在三里庙和余下一带担任警戒；派马集区两个分队在东营的山冈上监视马鞍山据点的敌伪动态。部队进入埋伏地后立即封锁消息，控制一切来往人员，只准进，不准出。担任观察敌情和上下联络的人员一律化装行动。

部队从凌晨1时进入埋伏区一直等到下午1时半，仍不见敌人出来。唐参谋长对谢政委建议说："政委，快到下午两点了，还不见敌人来。我看今天不会来了，我们收兵回去吧。"谢政委思考了一会儿说："我们再等它一两个小时收兵也不迟。"到下午3时，谢政委用望远镜向六合方向观察，发现敌人的身影在小胡营东边的小山冈上出现了。敌人成两路纵队从六合公路上大摇大摆地向埋伏圈走来，枪上的刺刀在夕阳照射下，一闪一闪地发出幽光。伪军的后面是一个小队的日军。3时半，骄横的敌人全部进入我军包围圈，他们根本没有发觉末日已经来临。突然，日军小队的身后传来三枚手榴弹的爆炸声。这是担任截尾任务的五连发出敌已进入包围圈的信号。指挥所立即吹响了冲锋号。部队从四面八方一跃而起，冲向敌人。五、六两连乘势尾随敌人后卫——日军小队冲杀，给了日军一个下马威。二连从小王营一跃杀出，挡住敌人的去路。突击队员一个个像小老虎似的手持发出寒光的梭镖，向敌人杀去。一时间枪声四起，震耳欲聋。手榴弹爆炸声、军号声、战士们冲杀的呐喊声响彻云霄。这突如其来的"天兵"把敌人吓得晕头转向，手足无措，伪营长全身打战。等清醒过来，想架起枪、炮还击时，已经来不及了。伪营长眼看退路被截断，便想纠集部队全力向程驾桥据点逃窜，被二连一个冲锋赶了回来。又企图抢夺羊山头小高地顽抗，刚爬到半山坡，就被早有准备预伏在山头的我特务连用手榴弹一阵狠揍，像兔子一样连滚带爬地退到坡下洼地里。这时我突击队二、五、六连在特务连的积极配合下，迅速跨过公路，端着梭镖向敌冲杀过去。紧接着，几个连队迅速合围。短兵相接后就轮到梭镖显示威力了。只见战士们手持梭镖将洼地里的敌人团团围住，顽抗的敌人当场被刺死，其余的纷纷跪下求饶："'四大爷'（伪军对新四军的尊称）饶命啊！'四大爷'饶命啊！"伪营长平时的威风一扫而尽，偷偷抬头一看，四周都是手持梭镖的新四军战士，雪白明亮的梭镖对准了他，吓得他全身发抖牙齿打战，无奈地说："我下令缴枪投降。"这时才刚过4时不久。整个战斗不到五十分钟就结束了。我们仅以二十二人轻伤，消耗子弹数百发、手榴弹近百枚的代价，全歼汪伪军一个营及日军一个小队。共计毙伤日伪军一百一十余人（其中击毙日军十人，逃脱一人），俘虏汪伪军二百八十余人。缴获步兵曲射炮一门，九二式重机枪三挺，轻机枪九挺，掷弹筒七具，长短枪二百余支，各种子弹近十万发和敌一个营的全部辎重及各种物资，仅军毯就有八百余条。

羊山头战斗是来六支队组建以来，又一次痛歼日伪军的大胜利，也是淮南军区地方武装独立作战，首创全歼敌人一个整营的战例，受到了新四军淮南军区的传令嘉奖。战后新四军二师（兼淮南军区）文工团还创作了戏剧《羊山头》在淮南根据地各地演出。

（本文由北京新四军研究会供稿）

团城突围战

文 / 张庭祥

“团城”，这是一个普普通通的山村，它位于山西长子县南陈乡仙公山脚下。大概是因为它比较偏僻吧，所以从不被人瞩目。然而在抗日战争时期最艰苦的 1943 年 10 月，我太岳军区第二分区二十团和七七二团一部，在这里与十倍于我们的日军，进行了一次殊死的战斗，并取得了胜利的突围。

周希汉司令员率领第二十团等部队跳到外围后，于 10 月 18 日夜，在长子县城敌人的鼻子底下突然出手，一举端掉了敌人兵力已经相对空虚并且疏于防范的重要据点大堡头。这是第二十团进出山后打的第一个漂亮仗，因此士气大振。

打得快，撤得也快。19 日清晨，部队转移到离县城二十里的一个有二百多户人家的山村，这个村叫团城。如往北走四十里，抵达碾张壁村一带的山区，就可以远离敌人的主力，让敌人难寻他们的踪迹了。就在这时，楚大明团长第二次向周希汉司令员提出请求，要让部队在团城休息一下。

部队是真累了。跳到外线，他们基本上都是夜间行动，大堡头战斗又是夜间急袭。战斗打响前，部队就已经相当疲劳，可枪声一响，人就来了精神。仗打完了，疲劳劲儿就会加倍。周希汉自己也一阵阵地眼皮直打架，可他心里很清楚，在这里休息是非常危险的。他对楚大明说：“这里不行。你同部队解释一下，我们打了大堡头，暴露了自己的方位，得把敌人甩得越远越好。这个团城不是平原上的村子，不具备在平原上依托村落与敌人周旋的有利条件。我们还是坚持到壁村，那里比较安全。”

此刻，倘若一向不迁就下级的周希汉坚持自己的主张，也许不会有任何危险发生。可他想到，老楚和第二十团刚从兄弟部队调来，还不熟悉山区的情况和自己的性格，似乎不能像要求老部队那样要求他们。他又掐指算了算，认为休息一下，只要不超过两小时也不是不可以。所以，他让警卫员吴安良叫来了作战参谋薛佑君，吩咐道：“你去通知楚团长，部队可以在团城休息一下子。但是不能超过两个小时，不能解背包。还要放好哨，东南两个山头要放小哨。另外在村东和村南三里处要各设定一个紧急集合点。有情况要先到村东第一个集合点集合。”

薛佑君跑步去找楚大明。而向来用兵胆大包天又心细如丝的周希汉又找来了第七七二团二连长、著名战斗英雄陈

周希汉

家贵，他对陈家贵说：“村西那个山头是制高点，你要放一个排上去。你们连不能休息。明白吗？”陈家贵一点就通，敬了礼，转身而去。

这番布置可说是滴水不漏了。但没用！打了大堡头之后，敌人大体推算了他们的位置，已经从石哲、沁水和高平等处调重兵向团城压过来了。

两个小时，计算上没有失误。但显然在起止时间的理解上产生了误差，周希汉被警卫员唤醒时看了看怀表，已超过了他算定的时间。此时西、南两个方向的山头上已经传来了枪声——敌人来了！

周希汉快而从容地走出房门，迎面碰上了匆匆而来的薛佑君。此时他的设想是从东面突围，仍然跳到敌占区，等敌人回头时，再找个夹缝跳出来。于是他命令薛：“通知楚团长，部队从第一集合点向东突出去。”

薛刚刚离开，一架敌机从东北方向擦着山头低低地飞过来，对准团城村的中心丢了一枚炸弹，然后又在团城的上空盘旋一周，才高傲地飞走了。这是在向地面部队引导攻击目标，也是一个发起合击的信号。周希汉很熟悉敌人这一套，心里明白，情况比原来预料的要严重得多，估计敌人至少也有三四千人。自己已经被包围了。看着周围山头上此隐彼现的膏药旗，听着越来越近越来越密集的枪炮声，他冷静地思索着，认为向东或向南突围成功的可能性很小；正确的方法应该是向北。

有了新的打算，他便命令警卫员去请楚团长。很快，楚大明提着枪赶来了。一见面，他先报告说向东、南两个方向试探性地突围都没有成功，然后说他还保持着突击力量，建议另选突围方向。

“对！老楚，我也想过了，看来敌人的弱点在北面。”周希汉依旧很平静，甚至塞给楚大明一支香烟，自己也点着一支，继续说，“陈家贵他们连控制着西山头的制高点，我们只要再控制北面小庙子上面的那个山头，就等于把包围圈撕开了个一里左右的口子，我们就从北面突出去；最要紧的是你得马上组织力量把小庙子的那个点拿下来。”

楚大明点头称是，立刻命令他的第七连去夺北山头。山头上是日军的一个加强小队，占据了有利地形，打得很顽强。第七连也是一支敢于刺刀见红的连队，连长田伢更是个拼命三郎式的人物。双方相持了许久。田连长在组织一次冲锋的时候腿上负了重伤。他倒下了又爬起来，咬紧牙关向前挪着，依旧指挥着

楚大明

战士们拼命往上冲。最后双方展开了肉搏。第七连付出了很大的代价，副连长牺牲了。但他们终于将日军全歼，控制了山头。

在北面激烈争夺的时候，东、南两个方向的敌人渐渐接近了团城村。最近的离周希汉的指挥位置还不到二百米。村里到处是炮弹爆炸的烟团，有的民房被炸得起了火。敌人发现了周希汉的指挥位置，怪叫着涌了过来。周希汉仍然从容地原地站立着指挥，安排着掩埋牺牲的战士和抢救抬走重伤员。看见有的部队爬上房顶拉开架势要同敌人打村落战，他便高声喝令："向北突！向北突！"原本有些慌乱的机关人员见他如此镇定，便也稳定了情绪，变得井然有序。

第七连控制了北山头，第二连也击退了敌人的多次冲锋。接近团城的一中队伪军被击溃后，楚大明见周希汉还没有要走的意思，便恳求道："副司令员，东南两面的阻击没问题，这里有我，你快走！"周希汉这才随着直属单位出了团城向突破口撤去。

村外，通向突破口有两条路。沿山腰有一条大一点的路，比较好走，但也比较暴露，容易受到敌人火力的杀伤。顺着山沟还有一条小路，比较隐蔽。警卫员要让周希汉走小路。周希汉却担心电台密码落在敌人手里，便说："我们走大路，让电台走小路。"说着他便命令电台台长周根龙带领机要分队从小路撤向突破口，并叮嘱他们无论如何都要保证电台和密码的安全。

敌人好像认定了周希汉的高级指挥员身份，一面组织密集的火力向他射击，一面派出部队不顾一切地咬住他不放。警卫班的战士一个接一个地倒下去，最后只剩下吴安良一人紧随着周希汉：他边护着周希汉向前跑，边转身向离近了的敌人还击。子弹不时落在他们身旁的岩石上，打得火星四处乱溅。

他们正跑着，一发炮弹尖厉地叫着飞过来，吴安良连忙把周希汉按倒，接着就要伏在周希汉身上用身体保护他。可小伙子却怎么也伏不下身。倒在地上的周希汉回头朝他喊："卧倒！快卧倒！"这时炮弹已经落在离他们十几步远的地方"轰"的一声爆炸了。周希汉见他在那里不停地摇动身子，还是卧不下也站不直。以为他负伤了，就起身来扶他。一看，才知道是他来不及打绑腿，把绑腿带扎在腰间，没想到挂在了灌木枝上。周希汉帮着他从树枝上脱身，两人都忍不住笑了。这时，后面的敌人又逼近了。吴安良骂着，回身扬手就是一梭子，随后继续护着周希汉向突破口跑去。

在一个拐弯处，吴安良见周希汉跑得很吃力，就劝他停下喘口气，并递过水壶。周希汉刚要伸手去接，一发子弹飞来，不偏不斜正中水壶，把水壶打穿了两个洞，水忽地蹿了出来。不让老子喝水，老子偏要喝！周希汉抓过水壶，把嘴凑着弹孔就喝起来。只两三口，水便淌没了。他摇摇水壶，狠狠地丢在地上："不要了。走！"

这时他们背后突然枪声大作。原来是陈家贵带人赶上来，把跟在他们身后穷追不舍的那伙敌人杀退了。

当我军转移到高家村时，敌人的全部人马向高家村方向急追，妄想再把我军包围于高家村，此时敌我双方包围与反包围的激战在高家村的西面和南面展开。下午5时许，周希汉鉴于敌我力量悬殊，不宜久战的情况，为了迅速摆脱敌人，便当机立断命令我军尾部阻击敌人，主力则由高家村东侧迅速向北撤退。然而，当我部先后撤至高家村正北六里的罗家沟村西时，由长子县城配合尧庙山碉堡的敌人共三百余人，路经尧庙山、花豹圪脑到罗家沟村北高地，从侧面用强火力封锁了我军的通路。我前进部队与敌又展开了激战。楚团长看到战场形势发生了变化，即率一个尖刀连会同在团城完成阻击西面敌人的一个连，共同向罗家沟村北高地之敌猛烈射击，掩护部队突围。

我军要经过的这条突围路线是一片开阔地带，加之没有青纱帐的掩护，给突围造成了极大的困难。而有利的条件是我军掩护部队的阵地在山东岭高地，向敌射击居高临下；而且突围正面没有敌人，加之我军先从西往东顺晚霞光线射击，视线清楚。楚团长命令两个连配五挺机枪和三门掷弹筒压住敌人的火力；我军主力在"冲呀！杀呀！"的喊杀声中时奔时卧，相互掩护，交替前进。经过一小时的激战，在我主力部队大步跃过敌人的火力封锁线后，敌人又组织力量冲向我突围地带，同我军尾部展开了肉搏战。这时所有机枪已全部失去作用。楚团长立即命令我主力部队一部回头投

入同敌人拼刺刀的格斗中，以支援尾部全部突围。又经过一场恶战，我军终于胜利突围。

到了突破口，不知谁说了一句“炮兵连的同志还没出来”。周希汉一听便停住了脚步，他要等炮兵连来了再走。吴安良怎么劝他也不听。工兵连连长郭能顺赶上来，冷不丁从背后猛推了周希汉一把，朝吴安良递了个眼色；二人一边一个，不容分说架起周希汉就走，一直把他架出了包围圈。这才知道，炮兵连的战士已经出来了。

撤至安全地带后，周希汉的心情也丝毫不轻松。团城突围，部队伤亡超过了二百人。率领地方武装前来慰劳的长子县委书记王逸飞、县游击大队教导员李文先身中数弹英勇牺牲，县长张呼晨身负重伤，县委秘书任志远也在被俘后就义于县城北关。太岳军分区二分区政治部宣传科科长贾希章也英勇牺牲。

我军胜利突围后，经南陈东河滩，取道东北陈，越过浊漳河向北，进驻碾张村。次日，在我军正处于义愤填膺、激情高涨之际，一举端掉了鲍店镇敌据点，乘胜摧毁了附近的伪政权；接着又与七七二团二营会合，回师高平，强袭了马村据点。

战斗结束的第三天，敌人从山东岭撤走。第四天，长子县委宣传部部长兼三区区委书记李楠同县民政科科长关守信、区长云峰和几名区委委员、区公所干部以及附近一些村干部清理了战场，掩埋了牺牲的同志；召开了善后工作会议，并向各村党支部、村干部讲述了这次战斗的意义。后来三区区委又委派三名代表到二分区司令部向周希汉副司令员详细汇报了善后处理工作，并代表全区人民群众向英勇牺牲的将士们表示了沉痛的哀悼。

（本文选自《文史月刊》）

先让老百姓过桥

文/陈允豪

黄克诚

黄克诚同志在抗日战争时期，从1940年到1945年都在苏北盐阜地区领导新四军三师对敌伪军的战斗。他当时是三师师长兼政委。盐阜区的几百万人民，至今还称他为“我们的黄师长”。

1943年2月中旬，日伪军步、骑、炮、空几万人对苏北抗日根据地进行“扫荡”。三师师部为了跳出敌人的合击圈，决定从淤黄河南撤退到河北。河上用几十条小木船临时架起了一座船桥。从阜宁县城西进，经东沟、益林北上的敌人已逼近淤黄河，枪声、炮声越来越近。这时，淤黄河南几个村子的数百名老百姓也牵牛抱鸡、扶老携幼地拥挤在河边，急于要过河。但河水齐胸，老幼难行，船桥也只能一个人一个人地单行。这时，师部人员的大多数还在河南，未及过去。黄师长也在河南船桥口上，只听他大喝一声：“部队停止，先让老百姓过桥！”他站在岸上，亲自指挥部队让路。枪声越来越密集了，炮弹已打到河里，轰起阵阵水花。指战员见黄师长如此坚定，也就没有一个人与民争渡，都闪在一边，让老百姓先过，并指挥老百姓有秩序地过桥，以免拥挤落水。经过半个小时左右，老百姓全部安全过了桥，师部的人员才过桥。

（本文选自人民网）

可别瞧不起老百姓送的这双鞋

文 / 叶介甫

1940年，全面抗战的烽火已熊熊燃烧了三个年头。持久战拖得日军气急败坏。日军开始对我抗日根据地进行疯狂的大“扫荡”。为战胜困难，抗日根据地全面加强党的建设，特别是重视对党员干部的党课教育。

一天，晋绥军区司令员贺龙同志亲自给大家上了一堂别开生面的党课。这堂党课真奇！贺龙事先没有准备讲稿，也没有写提纲，只安排通信员准备了三样活教材：一碗小米、一双崭新的黑布鞋、一碗清水，水里还有一条活蹦乱跳的小鱼儿。贺龙微笑着走进课堂。他开宗明义地讲：“我们的党是全心全意为人民服务的党，只有紧紧依靠群众，密切联系群众，才能为群众所拥护。党群关系问题可是我们党应该时时注意的一个大问题呵。今天这堂党课，我就专讲密切党群关系问题。”

贺　龙

贺龙意味深长地指着桌上的那碗小米，津津有味地说：“我们的军队要打仗，不吃饭行不行啊？这粮食哪来的？还不都是老百姓种的吗？打胜仗就是要依靠群众哟！”缓了一口气，他又接着说：“大家想一想，这碗小米可来之不易啊，要耕、耙、种，还要选苗、锄草、割呵、捆呵，从地里背回来。还得打、晒，最后碾成米……要是忘了老百姓的血汗，我们一天也不能生存。”

贺龙又拿起那双新鞋说：“这鞋子也来之不易呵！这鞋底我数了数，有十六层布，一针一线地纳。老百姓生活那样苦，吃黑豆穿破衣，哪来的东西，哪来的工夫做鞋哟！可别瞧不起这双鞋，没有它行军就走不动，打仗就冲不上。”他又端起碗，问台下的一个同志：“这碗里有水和鱼。你讲讲是什么意思了？”那位同志沉思了一下回答道：“鱼和水说明了党和群众鱼水深情。”贺龙高兴地连连点头说：“讲得对！讲得对！”接着，他把碗里的那条鱼捞起来，放在桌子上。开始，小鱼还能蹦起来，过了一会儿就不动了。贺龙指着小鱼说：“大家看见了吗？我们和群众就好比这鱼和水的关系。没有水，鱼就活不下去，没有人民群众，我们就难以生存。”

贺龙上的这堂党课，直至今日，仍有启示意义。

（本文选自《北京日报》）

一个红军家属的坚守

文/佚　名

一盏煤油灯发出微弱的光芒，谢招娣在飞针走线纳鞋垫，钟纶操在批改学生的作业。谢招娣时不时地看看丈夫钟纶操，只见他改一会儿作业又停住笔，改改停停，停停改改，不像以往一口气把作业改完。这让她有些奇怪，丈夫应该不是为学生的作业而思考问题，而是有别的心思。当钟纶操再次停住笔望着谢招娣时，谢招娣也停住飞针走线的手，深情地望着丈夫说：“你今天怎么啦？”钟纶操似乎有点慌乱甚至心虚似的回答说：“没……没什么。”

当谢招娣再一次看着钟纶操停住笔时，钟纶操放下手中的笔，身子往谢招娣身边一个大倾斜，深情而轻声地说：“招娣，我想去当红军。”谢招娣放下针线和鞋垫，走到钟纶操身边，紧挨着他慢慢地坐到同一条凳子上。“我就知道你在想心事，”一边把头靠到钟纶操肩上一边说，“去吧，我支持你去当红军。家里的事我会照护好。”

第二天一大早，钟纶操来到父母的房间，把自己想去当红军的想法跟他们一说，父亲钟经熙毫不犹豫地回答说：“好！你去吧。家里的事我会安排好。”钟纶操的母亲谢氏问他：“你老婆同不同意你去？”钟纶操回答说：“她同意。”停了一会儿，母亲对纶操说：“你放心地去吧，到了队伍里要听首长的话，不要惦记家里，家里有我们和你三个哥嫂，大家会把你老婆照护好。”

大家一听说钟纶操要去参加红军，整个屋场的人都前前后后地来到钟家，为他送行，为他送祝福。而那些孩子们，特别是井塘小学的学生们，却一个个拉着钟纶操的手：“钟老师，你不要去当红军，继续给我们上课，好吗？”钟纶操抚摸着学生的头，深情地说：“老师要去打国民党反动派，等老师打了胜仗，消灭了反动派再回来给大家上课，到时，老师给你们讲红军是怎样消灭国民党反动派的，给你们讲红军打胜仗的故事。”

在家人、乡亲、学生的一声声祝福和留恋中，钟纶操一步一回头地离开了生他养他的黄麟乡井塘村，走进了红军的队伍。

转眼到了1934年12月底，苏区中央分局和中央政府办事处机关搬到了交通不便、远离大路、深山密林的井塘村，项英等领导被安排住在谢招娣家。其实，谢招娣及其家人并不知道项英等人是红军的高级领导，只知道他们是红军，是好人。谢招娣一家忙着帮红军搬东西，为项英等人腾房间、打扫卫生。

项英对谢招娣的家公钟经熙说："真对不起，给你们添麻烦了。"钟经熙忙接过话："千万不要这么说，什么麻烦不麻烦的，你们都是为了穷人好才出来的，我也有一个儿子参加了红军，他在外面也需要大家的帮助。"项英适时地说："是啊，红军和穷人是一家人。"谢招娣拉着项英妻子张亮的手说："女人在外更是不容易，你在生活上有什么不便和要求，尽管向我说，我丈夫也是红军，照顾好了你们，也就等于照顾好了我的丈夫。"

在井塘的日子里，红军经常帮助谢招娣家犁田、砍柴、劈柴、打扫卫生，谢招娣很感激地说："真是辛苦你们了，真不知怎样感谢你们！"项英说："你们是红军家属，应该得到照顾。"谢招娣时不时地送一些黄元米果、花生等土特产食品给红军吃，帮助红军洗衣服、洗被褥，给红军送鞋垫。那真是军民一家亲呐！

项　英

1935年春节，项英的妻子张亮给钟纶操的哥嫂纶扬夫妇和纶标夫妇分别送去一床绸缎被子。

也许是对红军家属的关爱和信任，也许是对谢招娣一家的帮助表示感激，也许是为了轻装上阵，苏区中央分局和中央政府办事处机关离开井塘的头一天晚上，项英等人将一个大行军锅，部分书籍、箱子、生活用品等物品交予谢招娣家"保管"，吩咐他（她）们生活用品可以拿去用，但是也要防止国民党反动分子来捣乱和找麻烦。

那绸缎被子他们一直不舍得用，交给他们"保管"的物品，视为宝贝，视为生命进行保护，决心等红军再次到井塘来时交给红军。项英他们走后不久，国民党兵来到井塘。幸亏他们事先把红军交给和赠送的东西背到一个深山的岩洞里藏好了，尽管国民党兵在他们家翻了个底朝天也没翻出一点红军留下的东西，在井塘村挨家挨户地搜查，到处寻找，也一无所获。国民党兵还对谢招娣进行严厉盘问，也没有得到一句有价值的话。

后来，谢招娣的丈夫钟纶操在一次战斗中不幸牺牲，全家人沉浸在一片悲痛之中。而谢招娣心里的痛还不仅仅是失去丈夫的痛，也不仅仅是因为对丈夫有深深的感情，而是因为在年龄上她已是一个中年妇女，但在后辈上，她还未生一男半女，作为一个中年妇女，要再嫁已不是一件容易事，而且全家人一直对她很好，一直对她很关照，很疼爱，她对这个家有感情，舍不得离开这个家。但如果不再嫁，以后的日子怎么过？尽管家人对她不错，可以后的日子还很漫

中央红军长征出发纪念馆

长，毕竟还没有自己生育的后代啊。所以说，她心里的痛非同一般，真不知该如何面对。谢招娣后来曾对人讲起当时的心情：觉得生不如死。

一番痛苦之后，谢招娣选择了为钟纶操而活着，决定坚守钟家，为纶操烧一辈子的香，当一辈子的红军家属。于是，她与家人一道给纶操建了一座没有尸骨只有灵牌的坟墓。平时，她给纶操烧香，每年清明节到纶操墓地扫墓、挂纸，每月初一、十五给纶操端饭祭拜，一直坚持到1999年九十七岁去世。

钟家一共四兄弟，当红军的纶操是老四。钟家看到谢招娣为纶操而守寡，对家人团结友爱，勤劳本分，钟家商量后，将老二纶拔的儿子绍沧过继给纶操，给谢招娣当儿子，并且一起生活，一家人过得和和美美，谢招娣1999年去世时，已是子孙满堂，心满意足地离开人世。

项英和妻子张亮送给钟家的绸缎被子等生活用品，他们一直没舍得用，红军交给他们保管的东西一直保管得好好的。现在陈列在于都县中央红军长征出发纪念馆里的那个红军用过的大行军锅、绸缎被子就是钟家捐献的。

（本文选自《光明日报》）